Nina Wilkening

111 Ideen

für AGs in der Grundschule

Von Akrobatik bis Zeitreise

Verlag an der Ruhr

Titel
111 Ideen für AGs in der Grundschule
Von Akrobatik bis Zeitreise

Autorin
Nina Wilkening

Illustrationen
Anja Boretzki

Titelbildmotiv
© Verlag an der Ruhr

Druck
mediaprint solutions GmbH, Paderborn, D

Verlag an der Ruhr
Mülheim an der Ruhr
www.verlagruhr.de

Geeignet für die Klassen 1–4

Unser Beitrag zum Umweltschutz:
Wir sind seit 2008 ein ÖKOPROFIT®-Betrieb und setzen uns damit aktiv für den Umweltschutz ein. Das ÖKOPROFIT®-Projekt unterstützt Betriebe dabei, die Umwelt durch nachhaltiges Wirtschaften zu entlasten. Unsere Produkte sind grundsätzlich auf chlorfrei gebleichtes und nach Umweltschutzstandards zertifiziertes Papier gedruckt.

ISBN 978-3-8346-4146-5

Liebe Leser*,

zu Beginn eines Schuljahres überlegen sich viele Lehrer, welche AG sie anbieten möchten. Während die Inhalte der Fächer durch die Curricula vorgegeben sind, sind AG-Themen und deren Ausgestaltung frei. In gelungenen AGs sind Kinder hoch motiviert bei der Sache und fiebern jede Woche auf die nächste AG-Stunde hin. Dies erreicht man am besten, wenn man als Lehrer ein Thema wählt, für das man selbst „brennt". Dann kann der „Funke" überspringen und die Schüler werden mit Feuereifer dabei sein.
Häufig ist es jedoch so, dass einem als Lehrer gar nicht auf Anhieb einfällt, welche AG man anbieten könnte. Oder man hat eine Idee, ist sich aber nicht sicher, wie man diese umsetzen soll. Ich habe dieses Buch geschrieben, um Ihnen Ideen zu geben, eine mögliche Umsetzung zu beschreiben und somit generell die Auswahl zu erleichtern. Die AG-Vorschläge sind zur schnellen Orientierung alphabetisch geordnet. Jede AG wird auf einer Seite übersichtlich dargestellt. Dabei erhalten Sie Informationen zu folgenden Kategorien:

- **Vorstellung der AG:** Hier möchte ich Ihnen meine Idee der AG vorstellen und einige konkrete Vorschläge unterbreiten, was man machen kann.
- **Alter:** Unter diesem Punkt wird beschrieben, für welches Alter sich eine AG eignet. Dabei handelt es sich um meine persönliche Einschätzung. Natürlich kann Ihre Einschätzung davon abweichen. Dies hängt immer auch davon ab, welche Schüler Sie vor sich haben und was Sie konkret planen. Ich empfehle, AGs, in denen viel gelesen oder geschrieben werden muss, erst ab Klasse 3 anzubieten, um die Zweitklässler nicht zu überfordern.
- **Materialien:** Hier sehen Sie eine Übersicht darüber, was Sie für die Durchführung der AG besorgen müssen.
- **Möglicher Ablauf einer AG-Stunde:** Hier möchte ich Ihnen vorstellen, wie ich eine AG-Stunde aufbauen würde (sofern das je nach AG konkret möglich ist). Bei der Planung sollten unbedingt auch Phasen wie das Ankommen, der Abschluss und das Aufräumen bedacht werden, da es sonst schnell zu Zeitnot kommen kann.
- **Weiterführende Hinweise:** Hier biete ich Ihnen Literaturtipps zur Vertiefung und Vorbereitung an. Auf Internetseiten habe ich weitestgehend verzichtet, da die Inhalte schnell veralten und Ihnen somit keinen langfristigen Nutzen bringen.

Ich wünsche Ihnen und Ihren Schülern viel Spaß und gutes Gelingen bei den AGs!

Nina Wilkening

---

* Aus Gründen der besseren Lesbarkeit haben wir in diesem Buch durchgehend die männliche Form verwendet. Natürlich sind damit auch immer Frauen und Mädchen gemeint, also Lehrerinnen, Schülerinnen etc.

AG

1 Akrobatik

Vorstellung der AG

In der Akrobatik-AG lernen die Schüler unter anderem, Balance zu halten. Balance brauchen sie dann, wenn sie auf einem Balken oder einem Seil balancieren, wenn sie mit Bällen oder Keulen jonglieren oder wenn sie sich mit anderen zusammentun, um Menschenpyramiden zu bauen. Es geht ums Gleichgewichthalten, aber auch um Teamarbeit. Mut ist in jedem Fall gefragt, es werden sich aber auch schnelle Erfolge einstellen – und Spaß macht das Ganze auch. Die Schüler der Akrobatik-AG können bei Schulfesten, Weihnachtsfeiern oder anderen Gelegenheiten die Zuschauer zum Staunen bringen und leicht Applaus ernten.

Alter

ab Klasse 1

Materialien

- Matten
- Turnhallenzugang

Möglicher Ablauf einer AG-Stunde

- Ankommen
- Aufwärmen
  (z. B. Laufspiele mit anschließender Dehn- und Kräftigungsgymnastik)
- Übungsphase
  (Partner- oder Gruppenarbeit)
- Präsentationsphase
- Abschluss

Weiterführende Hinweise

- *Blume, M.*: Akrobatik mit Kindern und Jugendlichen. Meyer & Meyer, 2017.
- *Kruber, D./Kikow, A.*: Übungskarten zur Freizeitakrobatik in Schule und Verein: Vorbereitung, Grundpositionen und Unterrichtseinheiten. Pohl Verlag, 2003.

2 Allgemeinbildung

Vorstellung der AG

In dieser AG sollen Schüler die Möglichkeit haben, Themen kennenzulernen und sich Wissen zu Themen anzueignen, die man zusammengefasst oft unter „Allgemeinbildung" kennt. Die AG kann auf unterschiedliche Art und Weise durchgeführt werden. Einige Ideen:

- *Wissensfilme sehen (z. B. „Die Sendung mit der Maus") und im Anschluss Multiple-Choice-Fragen zum Film beantworten*
- *Internetrecherchen und Plakaterstellung*
- *Fragen aus Kinderquizspielen gruppenweise im Internet recherchieren*
- *Frage-Antwort-Spiele oder Brettspiele mit Frage-Karten spielen und sich so spielerisch, quasi nebenbei, Wissen aneignen*

Alter

ab Klasse 3

Materialien

- abhängig vom Stundeninhalt

Möglicher Ablauf einer AG-Stunde

- Ankommen
- kurze Vorstellung des Stundeninhalts
- Erarbeitung
- Ergebnissicherung (z. B. Präsentation/Multiple-Choice-Test)
- Sicherungsphase (z. B. Anlegen eines Lerntagebuchs oder eines eigenen Nachschlagewerks)
- Abschluss (z. B. Quiz)

Weiterführende Hinweise

- Wissensbuch für clevere Kids: Lexikon mit über 2500 Abbildungen. Dorling Kindersley, 2018.
- *Kneip, A./Bauer, A.*: Der große Wissenstest für Kinder: Was weißt du über die Welt? Kiwi-Taschenbuch, 2016.

3 Antolin

Vorstellung der AG

Ziel des Antolin-Programms ist es, Schüler zum Lesen zu motivieren. Das gelingt vor allem dadurch hervorragend, dass die Schüler einer Schule, die bei Antolin.de angemeldet ist, gegeneinander im Wettbewerb um möglichst viele Punkte antreten. Punkte gibt es dafür, dass man bei Antolin Fragen zu Büchern, die man zuvor gelesen hat, beantwortet. In vielen Schulen werden monatlich Listen ausgehängt, aus denen hervorgeht, welche Kinder in den einzelnen Klassen momentan die meisten Punkte haben. Am Ende des Schuljahres erhalten die drei besten Schüler einer Klasse Preise.
Leider ist es nicht allen Schülern, die gern am Antolin-Wettbewerb teilnehmen wollen, möglich, zu Hause am Computer Fragen zu beantworten. Die Antolin-AG will hier kompensatorisch wirken. Der Lehrer kann bei der Auswahl der Bücher unterstützen.

Alter

ab Klasse 2

Materialien

- internetfähige Computer/Tablets
- Bücher, die bei Antolin gelistet sind

Möglicher Ablauf einer AG-Stunde

- Ankommen
- kurze Vorstellungsrunde („Was möchtest du heute lesen?")
- Arbeitsphase (z. B.: Die Schüler wählen ein Buch, geben den Titel bei Antolin ein und beantworten die dort gestellten Multiple-Choice-Fragen zum Buch. Das Programm zeigt den Schülern an, wie viele Fragen richtig beantwortet wurden.)
- evtl. Reflexion („Hast du heute ein Buch gelesen, das du weiterempfehlen möchtest?")
- Abschluss (z. B.: Lehrer liest aus einem Buch vor)

Weiterführende Hinweise

- www.antolin.de

4 Astronomie

Vorstellung der AG

Sonne, Mond und Sterne stehen in der Astronomie-AG im Vordergrund. Die Schüler lernen auf anschauliche Weise viel theoretisches, aber trotzdem sehr spannendes Wissen über unser Sonnensystem, das sie nachts, wenn sie in den Himmel schauen, oder beim Ausflug ins Planetarium vertiefen und anwenden können. Ideen für die Astronomie-AG:

- *Was sind Sterne, Planeten, Galaxien?*
- *Welche Sterne und Planeten gibt es? Woher haben sie ihre Namen?*
- *Was ist der Urknall?*
- *Was kann man in einem Planetarium und Observatorium machen?*
- *Wie wird man Astronaut? Wie lebt ein Astronaut im Weltall? Ist es gefährlich, ein Astronaut zu sein?*
- *Gibt es Aliens wirklich?*

Alter

ab Klasse 3

Materialien

- Wissensbücher, Filme, bildliche Darstellungen, Arbeitsblätter zum Thema

Möglicher Ablauf einer AG-Stunde

- Ankommen
- Vorstellung des Stundeninhalts (Forscherfrage/Forscherauftrag zu einem Thema, z. B. siehe oben)
- Arbeitsphase (eigenständiges Forschen mithilfe der Materialien)
- Ergebnissicherung/Präsentationsphase
- Abschluss (z. B. ein Planeten-Quiz oder ein interessantes Video)

Weiterführende Hinweise

- *Schmidt, M./Harth, K.*: memo Kids. Weltraum. Dorling Kindersley, 2014.
- *Schub, C.*: Planeten und Sterne: Spannende Materialien für einen abwechslungsreichen Unterricht (1. bis 4. Klasse). Persen, 2017.
- *Hasler, M.*: Weltall und Planeten (Set): Grundschule, Sachunterricht, Klasse 3–5. Lernbiene, 2016.
- *Rosenwald, G.*: Lernwerkstatt. Der Weltraum.: Kopiervorlagen zum Einsatz in der Grundschule. Kohl Verlag, 2013.

5 Ballspiele (allgemein)

Vorstellung der AG

Ziel dieser AG ist es, Kindern zu ermöglichen, eine Bandbreite an Ballspielen kennenzulernen, ohne sich auf eines zu spezialisieren. Ihren Schülern wird nicht langweilig, weil immer wieder andere Spiele gespielt werden. Es können entweder einzelne Spiele mehrere Wochen lang gespielt werden – mit dem Ziel, dass die Kinder das Spiel näher kennenlernen und sich verbessern – oder man wechselt nach Lust und Laune der Schüler wöchentlich, sodass die Schüler sehr viele Spiele kennenlernen, nicht jedoch vertieft trainieren. Mögliche Spiele: Ball über die Schnur, Baseball, Basketball, Brennball, Dodgeball, Fußball, Futsal, Jägerball, Rugby, Schweinchen in der Mitte, Völkerball, Zombieball etc.

Alter

ab Klasse 3

Materialien

- ein oder mehrere Bälle
- Turnhallenzugang

Möglicher Ablauf einer AG-Stunde

- Ankommen
- Aufwärmen (hier bieten sich Fangspiele an)
- evtl. Übungsphase (z. B. können das Werfen und Fangen in Partnerarbeit oder das Treffen des Basketballkorbes oder eines anderen Ziels vertieft geübt werden)
- Spiel
- Abschluss (hier bietet sich ein Ritual zum Cooldown an, z. B. eine gegenseitige Massage oder das Ritual „Schlafkönig“: Alle Schüler legen sich auf den Boden und schließen die Augen. Tippen Sie ein Kind an, das dann „aufwacht“ und ein weiteres Kind antippt. Anschließend verlässt das von Ihnen angetippte Kind leise die Halle und das nächste angetippte Kind darf nun tippen usw.)

Weiterführende Hinweise

- *Döbler, E. und H.*: Kleine Spiele. Verlag an der Ruhr, 2018.
- *König, S. u. a.*: Ballschule in der Primarstufe: 26 komplette Unterrichtseinheiten für die Klassen 1 bis 4. Hofmann-Verlag, 2014.
- *Bracke, J.*: Lernzirkel Sport 5: Ballspiele 1.–4. Klasse. BVK, 2018.
- *Friedl, J.*: Das Ballspiele-Buch. Ökotopia, 2015.

6 Basteln (allgemein)

Vorstellung der AG

Wer gern bastelt, kann sich hier vielfältig inspirieren lassen. Da es keinerlei Einschränkungen hinsichtlich des Inhalts oder Materials gibt, kann den Schülern eine Bandbreite an Bastelarbeiten geboten werden. Sie können für jede Stunde eine gemeinsame Bastelarbeit vorbereiten oder eine Lerntheke, die über mehrere Wochen geht. Bieten Sie pro Stunde eine Arbeit an, müssen Sie weniger Material in einer Stunde bereitstellen. Bieten Sie eine Lerntheke an, können Schüler, die langsamer arbeiten, sich Zeit lassen und Schüler, die von einer Bastelarbeit begeistert sind, mehrere, verschiedene Exemplare herstellen.
Ideen:

- *Basteln mit verschiedenen Materialien: Holz, Karton, Perlen, verschiedene Papierarten*
- *jahreszeitliches Basteln: Frühblüher-Fensterbilder, Faschingsmasken, Kastanienmännchen*
- *besondere Bastelarbeiten: Geschenke, eigene Spiele, Schmuck*

Alter

ab Klasse 1

Materialien

- Bastelmaterialien, je nach Stundenthema

Möglicher Ablauf einer AG-Stunde

- Ankommen
- kurze Vorstellung des Stundeninhalts (Bastelarbeit/Theke)
- Bastelphase
- Präsentationsphase (Museumsgang)
- Aufräumen
- Abschluss

Weiterführende Hinweise

- *Vogt, S.*: 30 x Basteln mit Naturmaterialien für 45 Minuten – Klasse 1/2 – Einfache Projekte mit schönen Ergebnissen. Verlag an der Ruhr, 2018.
- *Seifert, S.*: Kreatives Gestalten in der Betreuung für Kindergarten, Vorschule und Grundschule: Kostengünstige Bastelideen für das ganze Jahr. Kohl Verlag, 2010.

7 Bauen mit verschiedenen Materialien

Vorstellung der AG

Mit dieser AG werden vor allem Schüler angesprochen, die zu Hause gern mit Lego, Fischer-Technik, Holz oder anderen Materialien bauen. Nicht immer haben die Eltern Zeit, Lust oder die Möglichkeiten, mit ihren Kindern handwerklich zu arbeiten. Dies kann diese AG kompensieren. Je nachdem, für welche Altersstufe Sie die AG anbieten, kommen bei jüngeren Schülern eher ungefährliche Materialien zum Einsatz, wie Lego, oder aber, wenn die Schüler bereits Werkunterricht hatten und mit Maschinen umgehen können, auch Elemente der Holzbearbeitung. Es können gemeinsam größere Projekte in Angriff genommen werden oder aber Sie stellen Materialien bereit und Ihre Schüler suchen sich eigene Projekte, die sie individuell oder in der Kleingruppe bearbeiten. Sie sind Ansprechpartner und Unterstützer.

Alter

ab Klasse 1 (Lego etc.), ab Klasse 3 (Holz etc.)

Materialien

- je nach Thema der Stunde bzw. Einheit

Möglicher Ablauf einer AG-Stunde

- Vorstellung des Stundenthemas (Werkstück, z. B. ein Indianer-Totempfahl), oder der Stundenfrage (z. B. „Welche Werkzeuge kann ich einsetzen, um das Holzstück zu glätten?“)
- Bauphase
- Präsentations- und Reflexionsphase
- Aufräumen

Weiterführende Hinweise

- *Haak, G.*: Werkunterricht leicht gemacht. Persen, 2016.
- *Autorenteam Kohl Verlag*: Werken für Einsteiger ... Bild für Bild: Einfache Projekte mit großer Wirkung. Kohl Verlag, 2017.
- *Wintergerst, B.*: Werken und Textiles Gestalten im Jahreskreis: Mit 20 Unterrichtseinheiten durch das 3. und 4. Schuljahr. Auer, 2018.
- *Wierz, J.*: 20 x Werken für 90 Minuten – Klasse 3/4: Kurze Projekte für schnelle Erfolge. Verlag an der Ruhr, 2014.

8 Benimm ist in!

Vorstellung der AG

In dieser AG lernen die Schüler auf angenehme Art und Weise, wie man sich höflich und „gut erzogen" zu Hause und in der Öffentlichkeit benimmt. Tischmanieren, höfliche Umgangsformen u. Ä. werden vermittelt.
Die Schüler können als „Botschafter des guten Benehmens" ausgezeichnet und in ihren Klassen als Multiplikatoren eingesetzt werden. Mit der Zeit sollte sich das soziale Klima innerhalb der Schule (hoffentlich) deutlich bessern.

Alter

ab Klasse 2

Materialien

- zum Thema passende Arbeitsblätter und Materialien (z. B. Besteck für das Erlernen von Tischmanieren)
- Requisiten zum Durchführen von Rollenspielen
- Plakate zum Aufstellen von Regeln

Möglicher Ablauf einer AG-Stunde

- Ankommen (z. B. Weitergeben einer Kerze im Sitzkreis, sich dabei begrüßen: „Schön, dass du da bist.")
- Vorstellung des Stundenthemas/der Stundenfrage (z. B. „Wie geht man beim Essen mit dem Besteck um?")
- handlungsorientierte Arbeitsphase (Partner- oder Gruppenarbeit, in der Handlungsabläufe eingeübt und vom Partner überwacht werden)
- Reflexionsphase (z. B. „Was hast du heute gelernt? Wie erging es dir dabei?")
- Abschlussritual (z. B. gegenseitiges Verabschieden mit Handschlag)

Weiterführende Hinweise

- *Jäger-Gutjahr, I./Gutjahr, S.*: Benimm ist bei uns in: 20 Trainingseinheiten für höfliches Benehmen im Schulalltag (3. und 4. Klasse). AOL, 2018.
- *Wehren, B.:* Der Benimm-Führerschein: 2. bis 4. Klasse. Persen, 2017.
- *Holl, A.*: Die kleine Benimm-Schule (Set): Grundschule, Fächerübergreifend, Klasse 3–4. Lernbiene, 2018.

9 Bibel

Vorstellung der AG

Die Bibel-AG spricht Kinder an, denen der Religionsunterricht viel Spaß macht oder die gern Geschichten von Gott und Jesus hören möchten. Hier kann mit einer entspannten, heimeligen Atmosphäre ein freudvoller Zugang zur Bibel geschaffen werden. Ideen für die Bibel-AG:

- *Geschichten aus der Bibel hören oder Filme ansehen*
- *Rollenspiele zu biblischen Themen durchführen*
- *Bilder malen*
- *Pocketbooks gestalten*
- *Lieder singen*
- *zu einzelnen Bibelgeschichten basteln*

Alter

ab Klasse 1

Materialien

- vom Stundeninhalt abhängig

Möglicher Ablauf einer AG-Stunde

- Ankommen (Ankunftsritual: z. B. Anzünden einer Kerze)
- Hören einer Bibelgeschichte
- handelnde Auseinandersetzung mit der gehörten Geschichte
- Transfer zum eigenen Leben (optional)
- Abschlussritual (z. B. gemeinsames Gebet, Auspusten der Kerze)

Weiterführende Hinweise

- *Zerbe, R. M.*: Grundschulkinder auf den Spuren der Bibel: Vielfältige Materialien für die 2.–4. Klasse zu Entstehung, Aufbau und Bedeutung der Heiligen Schrift. Auer, 2017.
- *Weber, N.*: Lernstationen Religion: Die Bibel 2. bis 4. Klasse. Persen, 2018.
- *Hipp, J.*: 30 x Bibelgeschichten für 45 Minuten – Klasse 3/4: Fertige Stunden zum Alten und Neuen Testament. Verlag an der Ruhr, 2016.
- *Kölmel, B.*: Die kleine Bibel-Werkstatt, Band 1 und 2. Kohl Verlag, 2006.

10 Cajon

Vorstellung der AG

Ein Cajon ist – vereinfacht ausgedrückt – eine Holzbox, auf der man sitzend trommelt. Es können verschiedene Töne und verschiedene Rhythmen gespielt werden. Spielen mehrere Cajon-Spieler gemeinsam, hört man fetzige Musikstücke, die begeistern. Hier sind rhythmisches Geschick und Koordination mit anderen gefragt.

Alter

ab Klasse 3

Materialien

- pro Teilnehmer und Lehrer ein Cajon
- Übungsmaterialien

Möglicher Ablauf einer AG-Stunde

- Ankommen
- Vorstellung des Stundeninhalts
- Übungsphase allein oder in Kleingruppen
- Präsentation bzw. Zusammenführen verschiedener „Stimmen"
- Abschluss

Weiterführende Hinweise

- *Loeser, S.*: Klasse! Cajónklasse. Alfred Music Publishing, 2015.
- *Leuchtner, M.*: Cajón lernen: Schule für Anfänger. LeuWa, 2011.
- *Tille-Koch, J.*: Cooler Beat trifft heißen Sound: Musik selber machen mit Boomwhackers und Cajon. Kohl Verlag, 2013.
- *Stiftung Jedem Kind ein Instrument/Wolf, S.*: Jedem Kind ein Instrument: Band 1 – JeKi. Cajon, Djembe & Co. Schülerheft. Schott, 2010.

11 Chemie

Vorstellung der AG

Mit einfachen Versuchen werden die Schüler an die Chemie herangeführt. Besonders interessant sind Experimente, die die Schüler zu Hause leicht nachmachen können, weil sie mit Alltagsgegenständen durchgeführt werden. Ideen für die Chemie-AG:

- *Backpulver-Vulkan*
- *Was passiert, wenn ein Stück Fleisch tagelang in Cola eingelegt wird?*
- *Wodurch wird die Wäsche sauber?*

Alter

ab Klasse 2

Materialien

- zum jeweiligen Stundenthema passende Materialien, Arbeitsblätter (Versuchsanleitung, Bogen, um Vermutungen und Beobachtungen zu notieren)

Möglicher Ablauf einer AG-Stunde

- Ankommen
- Vorstellung des Stundenthemas/einer Forscherfrage (z. B. siehe oben)
- Experimentierphase
- Präsentationsphase/Ergebnissicherung
- Reflexionsphase
- Aufräumphase
- Abschluss

Weiterführende Hinweise

- *Schwedt, G.*: Sauer–salzig–seifig–süß. Experimente zur Alltagschemie für die Grundschule. Brigg, 2011.
- *Wertenbroch, W.*: Einstieg in die Chemie/Klasse 1–4: Elementarwissen in der Grundschule. Kohl Verlag, 2009.
- *Wertenbroch, W.*: Versuchswerkstatt für die Grundschule. 3.–4. Schuljahr. Kohl Verlag, 2009.
- *Kerscher-Hack, S.*: 30 x Experimentieren für 45 Minuten – Klasse 2–4. Verlag an der Ruhr, 2018.

12 Chor

Vorstellung der AG

Kinder, die gern singen, sind hier willkommen. Es geht aber nicht nur ums Singen, sondern auch darum, mithilfe von Aufwärm- und Stimmbildungsübungen sein „Instrument" Stimme kennen und nutzen zu lernen.

Ideen für die Chor-AG:

- *jahreszeitliches Singen*
- *Bewegungslieder singen*
- *verschiedene Musikstile kennenlernen und ausgewählte Lieder singen*
- *Lieder von früher singen*
- *Lieder zu bestimmten Anlässen kennenlernen und singen (Feste, Fahrtenlieder, Liebeslieder)*
- *Chöre anhören*

Alter

ab Klasse 2

Materialien

- Noten und Liedtexte

Möglicher Ablauf einer AG-Stunde

- Ankommen
- Stimmbildungsübungen
- Singen bekannter Lieder zur Einstimmung
- Erlernen neuer Lieder/Erarbeiten unterschiedlicher Stimmen
- Präsentationsphase
- Abschlussritual

Weiterführende Hinweise

- *Mohr, A.*: Praxis Kinderstimmbildung: 123 Lieder und Kanons mit praktischen Hinweisen für die Chorprobe. Schott, 2004.
- *Layer, W. u. a.*: Chor: Klasse! (Konzeptbuch): Konzeption zum Medienpaket für Grundschulklassen. Edition Omega, 2011.
- *Arnold-Joppich, H. u. a.*: Singen in der Grundschule: Ein Lehr- und Übungsbuch für die Praxis. Helbling, 2011.
- *Strobl, M.*: 30 Stimmbildungsgeschichten zum Nach- und Mitmachen: Richtige Atmung, Aussprache und Stimmführung spielerisch fördern. Verlag an der Ruhr, 2014.

13 Comic zeichnen

Vorstellung der AG

Comics faszinieren Kinder. Bei vielen Jungen stehen Comics deutlich höher im Kurs als andere Literatur. Und wer kam nicht schon einmal auf die Idee, selbst in einem Comic „mitzuspielen" oder einen Comic ganz nach seinem individuellen Geschmack zu zeichnen? In dieser AG können Kinder lernen, eigene Comics zu gestalten. Aus den entstandenen Comics kann eine Ausstellung zusammengestellt werden.

Alter

ab Klasse 3

Materialien

- Papiere
- Schablonen
- Stifte
- Comics als Anregung

Möglicher Ablauf einer AG-Stunde

- Ankommen
- Planungsphase („Woran arbeitest du gerade? Was willst du heute erreichen?")
- Arbeitsphase (Umsetzung besprochener Elemente)
- Präsentationsphase (Museumsgang)
- Aufräumen
- Abschluss

Weiterführende Hinweise

- *Stowell, L.*: Comic-Workshop: Comics selbst zeichnen und schreiben. Usborne Publishing, 2015.
- *Down, H./Lynch, S.*: Das unglaubliche Comic Studio: Alles, was du brauchst, um deine eigenen Comics zu zeichen! Mit Schablonen, Stickern, Heldenfiguren und Comic-Rastern. frechverlag, 2017.
- *Blahak, G.*: Comics zeichnen – Schritt für Schritt. Verlag an der Ruhr, 2016.

14 Computer

Vorstellung der AG

In dieser AG lernen Kinder Grundlagen der Computernutzung kennen (in diesem Fall ist der Computer ein PC oder Laptop) und gehen handelnd mit dem Computer um. Neben Phasen, in denen die Schüler Wissen vermittelt bekommen und am Computer mit Arbeitsaufträgen tätig werden, sollten auch freie Phasen möglich sein, in denen die Schüler selbst die Beschäftigung wählen. Ideen für die Computer-AG:

- *den Computer, seine Elemente und Funktionen kennenlernen*
- *Bilder zeichnen und Texte erstellen mit dem Computer*
- *Power Point-Präsentationen erstellen*
- *das Internet kennenlernen*
- *Lernprogramme für Schüler testen*
- *YouTube-Videos ansehen (v. a. Tutorials)*

Alter

ab Klasse 3

Materialien

- Computerzugang für jeden Schüler oder zu zweit (möglichst mit Internet)
- evtl. Arbeitsblätter zur Erarbeitung

Möglicher Ablauf einer AG-Stunde

- Ankommen
- Vorstellung des Stundenthemas, theoretische Hinführung
- praktische Arbeitsphase
- freie Phase
- Abschluss (z. B. „Was hast du heute gelernt?/Was hast du heute gemacht?")

Weiterführende Hinweise

- *Wilkening, N.*: 30 x digitale Medien für 45 Minuten – Klasse 2–4: Ausgearbeitete Stunden zur Medienerziehung. Verlag an der Ruhr, 2018.
- *Jansen, L.*: Der Computer-Führerschein: 3. und 4. Klasse. Persen, 2018.

15 Do it yourself

Vorstellung der AG

Diese AG kann Unterschiedliches beinhalten, z. B. ganz lebenspraktische Dinge, wie das Reparieren eines kaputten Fahrradschlauches oder das Herstellen von Seife. Auf YouTube findet man zu vielen Bereichen Tutorials, die Anregungen bieten. Man kann die Kinder in die Auswahl der Themen einbeziehen oder selbst auf die Suche nach kindgerechten Inhalten gehen. Wichtig ist, dass es nicht beim theoretischen Vermitteln bleibt, sondern dass das handelnde Umsetzen im Vordergrund steht. Ideen für die AG:

- *Fahrräder reparieren*
- *eigene Spiele herstellen*
- *Mini-Regale bauen*
- *Kosmetika herstellen*
- *kaputte Kleidung reparieren (Reißverschlüsse, Knöpfe annähen)*

Alter

ab Klasse 3

Materialien

- je nach Stundeninhalt

Möglicher Ablauf einer AG-Stunde

- Ankommen
- Vorstellung des DIY-Projektes für diese Stunde (z. B. bereits hergestellte Seife), evtl. unterstützt durch ein YouTube-Video
- Arbeitsphase
- Aufräumphase
- Präsentations- und Reflexionsphase („Zeig uns, was du heute gemacht hast. Wie ist dir das gelungen?“)
- Abschluss

Weiterführende Hinweise

- *Schiller, M.*: Do it yourself für Kinder. Ravensburger, 2016.
- *Eismann, S. u. a.*: Mach’s selbst: Do it yourself für Mädchen. Beltz, 2013.

16 Drucken

Vorstellung der AG

Drucken mit verschiedenen Materialien ist der Inhalt dieser AG. Es können fertige Stempel zum Einsatz kommen oder eigene Stempel aus Materialien wie Kork, Moosgummi, Holz etc. selbst hergestellt werden. Texte und Kunstwerke entstehen, die in einer Ausstellung der Schule präsentiert werden können. Auch ein Ausflug in eine Druckerei bietet sich an, um den Kindern zu zeigen, wie die „Profis" arbeiten.

Alter

ab Klasse 2

Materialien

- je nach Stundenthema passende Materialien

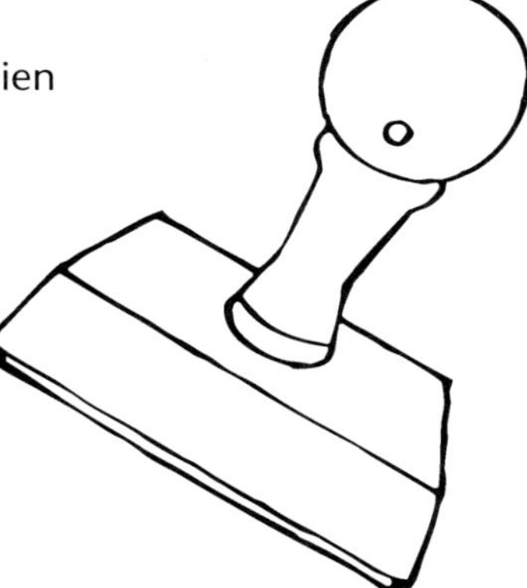

Möglicher Ablauf einer AG-Stunde

- Ankommen
- Vorstellung des Stundeninhalts
- Arbeitsphase
- Präsentationsphase (Museumsgang)
- Aufräumen
- Abschluss

Weiterführende Hinweise

- *Hauck, E./Tessmann, D.*: Stempeln, drucken, schablonieren: Das Werkstattbuch für Kinder. Haupt Verlag, 2017.
- *Friedrich, A.*: Drucken mit Kindern: Druckwerkstatt. BVK, 2014.
- *Andreani, C./Donath, U.*: Bastelwerkstatt Stempeln und Drucken: Mit Pappe, Moosgummi und Naturmaterialien. Urania, 2007.
- *Wied, A.*: Stempeln und Drucken: Wirbel um die Jahreszeiten: Ideenfundus – Bild-für-Bild-Anleitungen – Schablonen – Differenzierungsangebote. AOL, 2015.

17 Englisch extra

Vorstellung der AG

Alle Schüler, die das Fach Englisch mögen, sind hier richtig. Über die Lehrplaninhalte hinaus wird hier Englisch gesprochen und im handlungsorientierten Unterricht haben die Schüler die Möglichkeit, Neues zu erfahren.
Ideen für die AG:

- *englische Theaterstücke einüben*
- *Brauchtum erleben (Weihnachten mit Plumpudding feiern)*
- *englische Speisen (Fish and chips) zubereiten*
- *englische Lieder singen, englische Filme anschauen*
- *das Leben in englischsprachigen Ländern erkunden*

Alter

ab Klasse 3

Materialien

- je nach Stundenthema Arbeitsblätter, Requisiten, Materialien

Möglicher Ablauf einer AG-Stunde

- Ankommen (Rituale, z. B. Englischrakete)
- Vorstellung des Stundeninhaltes
- Arbeitsphase
- Abschlussritual (z. B. Spiel oder Lied)

Weiterführende Hinweise

- *Flottmann, N.*: 30 x Englisch für 45 Minuten – Klasse 3/4: Fertige Stunden zu allen Lehrplanbereichen. Verlag an der Ruhr, 2015.
- *Bettner, M./Dinges, E.*: Englisch an Stationen 3: Handlungsorientierte Materialien zu den Kernthemen der Klasse 3. Auer, 2016.
- *Sölter, S.*: Englisch-Grundwortschatz – Übungen für die Freiarbeit. Verlag an der Ruhr, 2014.
- *Kessler, Y.*: Lapbooks im Englischunterricht: Praktische Hinweise und Gestaltungsvorlagen für Klappbücher zu zentralen Lehrplanthemen. Persen, 2018.
- Englische Kindergeschichten, 10 Stories for kids. CD. dnf-Verlag, 2009.

18 Entspannung

Vorstellung der AG

In dieser AG kommen die Kinder zur Ruhe und erlernen Techniken, die ihnen während des Schulalltags und zu Hause helfen, sich zu entspannen und negative Emotionen, wie Aggressionen und Ängste, abzubauen. Eine ruhige Atmosphäre mit einer entsprechenden Raumgestaltung (Matten, LED-Kerzen, leise Musik, abgedunkelter Raum) können die Wirkung unterstützen.
Ideen für die Entspannungs-AG:

- *Elemente verschiedener Entspannungstechniken kennenlernen (z. B. Yoga, progressive Muskelentspannung, Meditation)*
- *Mandalas malen*
- *Fantasiereisen durchführen*
- *Duftöle, Duftkissen herstellen*

Alter

ab Klasse 3

Materialien

- pro Teilnehmer eine Matte als Unterlage
- Entspannungsmusik
- evtl. Kerze, Dekoration

Möglicher Ablauf einer AG-Stunde

- Ankommen: Ritual, um zur Ruhe zu kommen
- Übungsphase
- Reflexionsphase
- Abschlussritual

Weiterführende Hinweise

- *Gulden, E./Pohl, G.*: 30 Kinderyoga-Bildkarten. Don Bosco, 2017.
- *Rosenwald, G.*: Entspannungskartei für die Grundschule. Kohl Verlag, 2013.
- *Kiwit, R.*: Traumstunden für Kinder. CD: Musik zur Entspannung und Gestaltung von Traumreisen. Ökotopia, 2003.
- *Wiseman, G.*: „Auf meiner Wolke" – Eine Entspannungs-Kartei. Verlag an der Ruhr, 2019.
- *Schaadt, S.*: Grundschulkinder entspannen mit Autogenem Training, Verlag an der Ruhr, 2017.

19 Erste Hilfe

Vorstellung der AG

Erste Hilfe ist ein ebenso interessantes wie wichtiges Thema, das in der Schule viel zu kurz kommt und im Alltag der Kinder nahezu nicht vorhanden ist, obwohl jedes Kind in eine Lage geraten kann, in der Erste-Hilfe-Kenntnisse lebensnotwendig werden können.
Neben etwas Theorie steht hier sehr viel praktische Übung im Vordergrund. Erste-Hilfe-Maßnahmen können auf unterschiedliche Weise immer wieder spielerisch thematisiert und geübt werden. Auch der Einsatz der Schüler als Multiplikatoren in der eigenen Klasse ist denkbar. Eine schriftliche/bildgestützte Dokumentation sollte auf jeden Fall dazugehören, damit die Kinder die wichtigsten Dinge immer wieder nachlesen/anschauen können. Ideen für die Erste-Hilfe-AG:

- *Rollenspiele, in denen Notfallsituationen nachgespielt und Erste Hilfe geübt werden*
- *Frage-Antwort-Spiele*
- *Einladen eines Experten: Notfallsanitäter*
- *Besuch einer Rettungsleitstation oder der Feuerwehr*

Alter

ab Klasse 3

Materialien

- zum Stundenthema passende Materialien

Möglicher Ablauf einer AG-Stunde

- Ankommen
- Hinführung (z. B. Vorlesen einer Geschichte, in der jemand Erste Hilfe benötigt), Vorstellung einer Übung
- Übungsphase
- Präsentations-/Reflexionsphase
- Abschluss

Weiterführende Hinweise

- *Packeisen, V.*: Keine Angst vor Erster Hilfe: Mit konkreten Anleitungen Grundschülern kompetent die wichtigsten Erste-Hilfe-Maßnahmen vermitteln (1. bis 4. Klasse). Auer, 2017.
- *Buchholtz, A.*: Erste Hilfe – ich kann das! (Set). Lernbiene, 2016.

20 Experimente

Vorstellung der AG

Experimentieren macht den meisten Kindern großen Spaß. In dieser AG können Experimente aus allen Naturwissenschaften durchgeführt werden. Wichtig ist, bei der Auswahl der Experimente darauf zu achten, dass sie ungefährlich sind und von den Kindern allein oder in Partner-/Kleingruppenarbeit selbstständig durchgeführt werden können. Ob und in welcher Form Vermutungen, Beobachtungen und Arbeitsergebnisse notiert werden, hängt vom Alter und der Zusammensetzung der Lerngruppe ab. Meines Erachtens ist es für die Kinder in der AG wichtiger, zu handeln als zu lernen, wie man ein Experimentierprotokoll richtig ausfüllt. Ideen für die Experimente-AG:

- *Wie führt man Experimente durch? Was muss man beachten? Was sollte man nicht tun?*
- *Experimente mit Alltagsgegenständen*
- *Experimente mit Wow-Effekt*
- *Experimente aus der Chemie, Physik, Biologie*

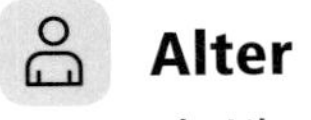

Alter

ab Klasse 2

Materialien

- je nach Stundenthema

Möglicher Ablauf einer AG-Stunde

- Ankommen, Vorstellung des Stundenthemas/der Forscherfrage
- Experimentierphase
- Präsentations- oder Reflexionsphase, Beantworten der Forscherfrage
- Aufräumen

Weiterführende Hinweise

- *Berger, U.*: Die Experimente-Kartei für 5- bis 8-Jährige: Verlag an der Ruhr, 2011.
- *Vonholdt, D.*: Mitmach-Experimente für Grundschüler. Persen, 2017.
- *Baumgarten; A.*: Experimente mit Alltagsmaterialien (mehrere Bände). BVK.
- *Kerscher-Hack, S.*: 30 x Experimentieren für 45 Minuten – Klasse 2-4. Verlag an der Ruhr, 2018.

21 Fit mit Fun

Vorstellung der AG

Diese AG spricht alle Kinder an, die etwas für ihre Fitness tun möchten. Gemeinschaftlich lernen die Schüler bei Zumba, Aerobic oder Step Aerobic Übungen kennen, mit deren Hilfe sie ihre körperliche Fitness steigern können. Die Einbettung der Übungen in Aufwärmspiele und Cool-down-Rituale sowie die Nutzung fetziger Musik erhöhen den Spaß-Pegel. Weitere Ideen für die Fit-mit-Fun-AG:

- *Trainieren an Freiluft-Fitnessgeräten (gibt es in manchen Parks)*
- *Besuch eines Fitnessstudios*
- *Ablaufen eines Trimm-dich-Pfads im Wald*
- *Einrichten eines Trimm-dich-Pfads auf dem Schulhof*

Alter

ab Klasse 2

Materialien

- Materialien je nach Stundenthema
- fetzige Musik für die Übungsphasen, Entspannungsmusik für das Cool-down-Ritual

Möglicher Ablauf einer AG-Stunde

- Ankommen
- Aufwärmspiel
- Übungsphase
- Cool-down-Ritual

Weiterführende Hinweise

- *Carpenter, J.*: Der Fitnesskurs für Kinder: 101 Spielebausteine für ein systematisches Aufbautraining. Verlag an der Ruhr, 2005.
- *Buschmann, B.*: Führerschein: Fitness 1.–4. Klasse. Persen, 2016.

22 Flöten

Vorstellung der AG

Der Flötenkurs hat in vielen Grundschulen eine lange Tradition. Die Blockflöte bietet sich aufgrund ihres leichten Gewichtes und der kindgerechten Größe als Instrument für Grundschulkinder an. Das Spielen ist nicht schwer und macht in der Gruppe Spaß.

Aufführungen bei Klassen- und Schulfesten oder Schulversammlungen sind ein besonderes Highlight für die Blockflötenkinder.

Neben dem reinen Flötespielen können beispielsweise auch folgende Themen Inhalt sein:

- *Informationen über Instrumentenbau und Herstellen eigener Block- und Panflöten (z. B. aus Trinkhalmen oder weichem Holz)*
- *Kennenlernen und Testen anderer Blasinstrumente (z. B. in Kooperation mit der Jugendmusikschule)*
- *Interessantes über die Geschichte der Blockflöte erfahren (z. B. auch Gemälde betrachten, auf denen Flötenspieler zu sehen sind)*

Alter

ab Klasse 1

Materialien

pro Teilnehmer:

- eine Flöte mit Zubehör
- Notenbuch
- Notenständer

Möglicher Ablauf einer AG-Stunde

- Ankommen
- Wiederholungsphase
- Erlernen eines neuen Inhalts (Noten, Musikstück)
- Übungsphase
- Abschlussphase

Weiterführende Hinweise

- *Kanzleiter, D.*: Gemeinsam Blockflöte lernen ab Klasse 1: Unterrichtsvorschläge und Kopiervorlagen für die Grundschule. Verlag an der Ruhr, 2018.
- *Stiftung Jedem Kind ein Instrument/Mallus, F.*: Jedem Kind ein Instrument. Band 2 – JeKi. Flöte. Schott, 2013.

23 Fotografieren

Vorstellung der AG

In dieser AG erlernen die Schüler erste Grundlagen des Fotografierens. Es geht darum, die Kamera und ihre Funktionen kennenzulernen, Motive auszuwählen, wichtige Regeln beim Fotografieren anzuwenden, Fotos zu bearbeiten und Fotos in Ausstellungen zu zeigen.

Weitere Ideen:

- *mit dem Smartphone/Handy/Tablet fotografieren*
- *Fotobücher selbst zusammenstellen*
- *Fotocollagen herstellen*
- *eigenes Briefpapier mit Fotos als Wasserzeichen herstellen*
- *Trickfotos machen*
- *verschiedene Fotoarten kennenlernen (Porträt, Panorama etc.)*

Alter

ab Klasse 3

Materialien

- mehrere Fotokameras, sodass in Kleingruppen (2–3 Schüler) gearbeitet werden kann
- evtl. Arbeitsblätter
- Anschauungsmaterial (Fotobücher)

Möglicher Ablauf einer AG-Stunde

- Ankommen
- Vorstellung des Stundenthemas
- Arbeitsphase
- Präsentations- und Reflexionsphase
- Aufräumen
- Abschlussphase

Weiterführende Hinweise

- *Sullivan, G.*: Klick! Fotografie für Kinder. Prestel, 2011.
- *Beurer Boirar, M.*: Fotografieren macht Schule: Die Welt entdecken, sehen, fotografisch gestalten. Schulverlag plus, 2006.
- *Hauschild, G.*: Der Fotokurs für junge Fotografen: Aktualisierte Neuauflage. Vierfarben, 2016.

24 Freies Spiel

Vorstellung der AG

In dieser AG sollen Schüler die Gelegenheit haben, sich mit Freunden und anderen Schülern zusammenzutun oder auch allein für sich zu spielen. Der Lehrer kann Anregungen für gemeinsame Spiele (Gesellschaftsspiele, Fangspiele etc.) mitbringen und als Spielpartner zur Verfügung stehen. Die Kinder können auch Spiele von zu Hause mitbringen und selbst wählen, was und mit wem sie spielen. Die AG kann im Klassenraum, in der Turnhalle oder im Freien stattfinden. Je nachdem, welche Art Spiele jeweils im Mittelpunkt stehen, müsste den Schülern vorab mitgeteilt werden, ob Sportsachen o. Ä. benötigt werden.

Alter

ab Klasse 1

Materialien

- verschiedene Spiele als offenes Angebot

Möglicher Ablauf einer AG-Stunde

- Ankommen
- kurze Austauschrunde (Vorstellung von Spielideen durch den Lehrer, „Was möchtest du heute machen?")
- Spielphase
- Aufräumphase
- Abschlussspiel mit allen Schülern

25 Fremde Sprachen

Vorstellung der AG

In dieser AG soll nicht EINE Sprache neu gelernt oder vertieft werden, sondern die Schüler sollen verschiedene Sprachen, Schriftsysteme etc. kennenlernen. Ideen für die AG:

- *gängige Sprachen kennenlernen (Englisch, Französisch, Spanisch)*
- *Sprachen mit anderen Schriftzeichen (Russisch, Chinesisch, Arabisch, Griechisch)*
- *geschichtliche Aspekte (Entschlüsselung von Hieroglyphen)*
- *Einsatz unterschiedlicher Medien: Arbeitsblätter, Hörproben, Realien aus anderen Ländern, wie Münzen, Lebensmittel*
- *Einladen von Muttersprachlern, die z. B. Kinderreime einüben*
- *Einbezug der nicht deutschen Schüler als Lehrer*
- *Dialekte in Deutschland (Theaterstücke, Gedichte in Mundart)*

Alter

ab Klasse 3

Materialien

- zum Stundenthema passende Materialien

Möglicher Ablauf einer AG-Stunde

- Ankommen
- Vorstellung des Stundenthemas
- Arbeitsphase
- Präsentations-/Reflexionsphase
- Abschlussphase

Weiterführende Hinweise

- *Litton, J. u. a.*: Hallo Welt: Hello World und viele andere Begrüßungswörter. Das große Buch der Sprachen. 360 Grad Verlag, 2017.

26 Freundschaftsbänder

Vorstellung der AG

Freundschaftsbänder sind immer „in". In dieser AG lernen die Schüler, mit einfachen Knotentechniken schöne Freundschaftsbänder zu knüpfen. Auch für Fortgeschrittene können neue Muster angeboten werden, die Bandbreite ist sehr groß. Anregungen gibt es in Büchern, als bebilderte Anleitung im Internet oder als Tutorial auf YouTube. Freundschaftsbänder können auch zum Verkauf auf Schulfesten und Schulbasaren angeboten werden.

Alter

ab Klasse 3

Materialien

- Baumwollgarn in verschiedenen Farben
- Scheren
- pro Teilnehmer eine Sicherheitsnadel

Möglicher Ablauf einer AG-Stunde

- Ankommen
- Arbeitsphase (z. B. Freundschaftsbänder flechten, häkeln oder knüpfen etc.)
- Präsentationsphase
- Abschlussspiel

Weiterführende Hinweise

- *Moras, I.*: Armbänder knüpfen: Mit neuen Ideen für Freundschaftsbänder. Christopherus Verlag, 2014.
- *Moreno, S.*: Freundschaftsbänder: Kreative Knüpf- und Flechtideen (Kinder creativ). Oz-Verlag, 2007.

27 Fußball

Vorstellung der AG

Diese AG ist gedacht für alle Jungs und Mädchen, die nicht nur auf dem Pausenhof kicken wollen, sondern ihre Fähigkeiten trainieren möchten. Wie im Verein steht hier das gezielte Trainieren einzelner Übungen im Vordergrund, das mit einem Fußballmatch am Ende der Stunde abgerundet wird. In vielen Städten oder Landkreisen finden zudem Fußballturniere für Grundschulen statt, eine erfolgreiche Teilnahme könnte man sich in der Fußball-AG zum Ziel setzen. Und falls es so etwas bei Ihnen nicht gibt, organisieren Sie doch mit Ihrer AG einfach selbst ein Fußballturnier.
Außerdem könnten Sie Ihre Schüler analog zu Schwimmabzeichen spezielle Abzeichen beim Fußball machen lassen (z. B. den Ball 10-mal hochhalten oder den Ball in ein bestimmtes Ziel schießen aus verschiedenen Entfernungen etc.).

Alter

ab Klasse 1

Materialien

- Fußbälle
- Tore
- Leibchen
- im Winter möglichst Turnhallen-Nutzung

Möglicher Ablauf einer AG-Stunde

- Ankommen
- Aufwärmen
- Übungsphase (z. B. Torschuss, Passen, Dribbling)
- Fußballmatch
- Cool down/Aufräumen

Weiterführende Hinweise

- *Neumerkel, J.*: Fußball für die Grundschule: Von der Ballgewöhnung bis zum gemeinsamen Spiel (1. bis 4. Klasse). Auer, 2014.
- *Scherer, H.*: Fußball in der Grundschule: 120 Spielaufgaben, Staffeln und Fangspiele. Auer, 2005.

28 Futsal

Vorstellung der AG

Futsal ist eine international anerkannte Variante des Fußballs, die ausschließlich in der Halle gespielt wird. In Deutschland ist diese Sportart noch recht unbekannt. Der Erfinder des Spiels, der südamerikanische Sportlehrer Juan Carlos Ceriani, wollte 1930 eine altersgerechte Spielform des Fußballs für Kinder entwickeln. Sein Ziel war es, dass Kinder unabhängig von ihren individuellen technischen Fähigkeiten zusammenspielen und Spaß haben sollten. Beim Futsal ist das Spielfeld durch Linien begrenzt. Es spielen fünf Spieler mit sprungreduzierten Bällen auf Handballtore. Die Spielregeln sind denen des Handballs ähnlich: Gewechselt werden darf z. B. unbegrenzt und fliegend innerhalb der mannschaftseigenen Wechselzone. Die Spielzeit beträgt 2 mal 20 Minuten. Für den generellen Aufbau und Ablauf der AG können Sie sich auch an der Fußball-AG orientieren.

Alter

ab Klasse 1

Materialien

- Futsalbälle
- Handballtore (alternativ können Tore auch mit Kästen o. Ä. gebaut werden)
- Turnhallenzugang
- Leibchen

Möglicher Ablauf einer AG-Stunde

- Ankommen
- Aufwärmen
- Vorstellung des Stundeninhalts (z. B. Torschuss, Passen, Dribbling)
- Übungsphase
- Spiel
- Aufräumen/Abschluss

Weiterführende Hinweise

- *Meinhardt, J. u. a.*: Futsal: Basiswissen und praktische Übungen für Trainer und Spiele. Copress Sport, 2017.
- *Hermanns, V./Engler, R.*: Futsal: Technik – Taktik – Training. Meyer & Meyer, 2009.

29 Garten

Vorstellung der AG

Manche Schulen besitzen einen Schulgarten, in manchen Schulen gäbe es die Möglichkeit, einen Schulgarten anzulegen. In beiden Fällen können Schüler in dieser AG Grundlagen der Bewirtschaftung und des Gartenbaus in Theorie und Praxis lernen. Im Winter wird geplant, ein Hochbeet gebaut oder drinnen in Blumentöpfen gepflanzt. Im Frühjahr bis Herbst wird angebaut, gepflegt, geerntet und weiterverarbeitet. Wer an seiner Schule nicht die Möglichkeit hat, großflächige Beete anzulegen, kann auch einen Zimmergarten auf dem Fensterbrett anlegen.

Alter

ab Klasse 3

Materialien

- Bücher
- Gerätschaften
- Samen
- Erde
- evtl. Blumentöpfe
- etc.

Möglicher Ablauf einer AG-Stunde

- Ankommen
- Vorstellung des Stundeninhalts
- Arbeitsphase
- Präsentations-/Reflexions-/evtl. Verköstigungsphase
- Aufräumen
- Abschluss (z. B. Garten-Quiz)

Weiterführende Hinweise

- *Klöckner, K.*: Schulgarten – Wie geht denn das? Lernwerkstatt für den Sachunterricht in Klasse 2–3. Lernbiene, 2012.
- *Lehnert, H./Köhler, K.*: Schulgärten: Anlegen, pflegen, nutzen. Ulmer, 2016.
- *Schmidt, S.*: Pflanz dich glücklich. 37 Ideen für Garten und Co. dtv, 2018.

30 Geschenke herstellen

Vorstellung der AG

Ob für Weihnachten, Ostern, Muttertag oder ein Schulfest/einen Schulbasar – Gelegenheiten, jemandem etwas zu schenken oder Geschenke zu verkaufen, gibt es immer. In der Geschenke-herstellen-AG können sich Kinder austoben, die gern basteln. Anregungen gibt es vielfach in Büchern, Internetseiten und auf YouTube (u. a. unter den Stichworten DIY, Do it yourself).
Ideen für die AG:

- *Schlüsselanhänger basteln*
- *Wärmekissen nähen*
- *Schneekugeln mit Bild herstellen/Schneelandschaft im Marmeladenglas*
- *Schmuckschachteln gestalten*
- *Weihnachtsbaumanhänger basteln*

Alter

ab Klasse 1

Materialien

- hängt vom Stundenthema ab

Möglicher Ablauf einer AG-Stunde

- Ankommen
- Vorstellung des Stundeninhalts
- Arbeitsphase (z. B. auch mehrere Angebote als Lerntheke)
- evtl. Reflexions-/Präsentationsphase (Museumsgang)
- Abschluss

Weiterführende Hinweise

- *Arendt, H.*: Naturgeschenke: 100 Ideen zum Gestalten mit Kindern. Haupt Verlag, 2014.
- *Kaufmann, B./Hörnecke, A.*: Kinder basteln Geschenke: Liebevolle Überraschungen für Große und Klein. frechverlag, 2014.

31 Gesunde Ernährung

Vorstellung der AG

Leider kennen viele Schüler die Grundlagen gesunder Ernährung nicht von zu Hause. Die Schule kann hier eine kompensatorische Funktion einnehmen und Kindern – z. B. in dieser AG – zeigen, was sie beachten müssen, wenn sie sich gesund ernähren möchten. Um den finanziellen Aufwand gering zu halten, bietet es sich an, Theoriestunden und Praxisstunden abzuwechseln. In den Theoriestunden lernen die Kinder die Grundlagen gesunder Ernährung kennen und notieren Rezepte, die in einem eigenen Rezeptbuch gesammelt werden können. In den Praxisstunden werden die Rezepte ausprobiert und es wird gemeinsam gegessen. Zudem kann mit Lebensmitteln experimentiert werden, z. B. verschiedene Kombinationen ausprobiert werden, um herauszufinden, was zusammenpasst und was einem schmeckt. Ideen für die AG:

- *Ernährungspyramide, Ernährungstagebuch*
- *gesunde Pausenbrote, Smoothies, Süßigkeiten, Snacks herstellen*

Alter

ab Klasse 3

Materialien

- Rezepte
- Lebensmittel
- Küchenutensilien

Möglicher Ablauf einer AG-Stunde

- Ankommen
- Vorstellung des Stundeninhalts
- Arbeits-/Koch-/Zubereitungsphase
- Präsentations-/Reflexions-/evtl. Verköstigungsphase
- Aufräumen/Abwasch
- Abschluss

Weiterführende Hinweise

- *Kurt, A.*: 30 x Gesunde Ernährung für 45 Minuten – Klasse 1/2: Ausgearbeitete Stunden zur Gesundheitserziehung. Verlag an der Ruhr, 2016.
- *Hanneforth, von A.*: Führerschein: Gesunde Ernährung: 1. und 2. Klasse. Persen, 2017.
- *Preuss, K.*: Themenheft Ernährung, 3.–5. Klasse. BVK, 2018.

32 Glück

Vorstellung der AG

Bereits über 100 Schulen im deutschsprachigen Raum bieten das Schulfach „Glück" an. Der Vorschlag dazu kam 2007 von Ernst Fritz-Schubert. Sein Ziel war es, den traditionellen Fächerkanon durch ein Konzept zu ergänzen, das die Stärkung der Lebenskompetenz und -freude bei Kindern und Jugendlichen in den Mittelpunkt stellt. Die unten angegebene Literaturempfehlung (Fritz-Schubert) zeigt auf, wie man Glück zum Unterrichtsgegenstand machen kann, z. B. indem man sich auf die Suche nach den eigenen Stärken begibt, von der Zukunft träumt, Pläne für die Zukunft schmiedet und sich Gedanken für eine mögliche Umsetzung macht. Wer ein eigenes Konzept entwickeln möchte, findet Anregungen in den weiteren Literaturempfehlungen.

Alter

ab Klasse 3

Materialien

- s. Literatur

Möglicher Ablauf einer AG-Stunde

- Ankommen
- Vorstellung des Stundeninhalts
- Arbeitsphase
- evtl. Reflexions-/Präsentationsphase
- Abschluss

Weiterführende Hinweise

- *Bormans, L.*: Glück für Kinder: Zehn Wege zum Glück als Vorlesegeschichten. Dumont, 2016.
- *Forester, G.*: Glück ... hat viele Gesichter! Kohl Verlag, 2018.
- *Mathes, C.*: Curriculum Schulfach Glückskompetenz: Leitfaden für den Glücksunterricht. Teil 1: Unterrichtsbausteine und Methodik. Books on Demand, 2016.
- *Fritz-Schubert, E. u. a.*: Praxisbuch Schulfach Glück: Grundlagen und Methoden. Beltz, 2015.

33 Graffiti

Vorstellung der AG

Die Geschichte des Graffiti ist Jahrtausende alt und fasziniert bis heute. Graffiti kommt vom griechischen Verb „grafein", das „schreiben" bedeutet. Graffitis sind Schriftzüge, die – manchmal unerlaubt – an Wände gesprüht werden. Es gibt sie aber auch im künstlerischen Bereich oder zur Verschönerung von Gebäuden. In dieser AG sollen die Schüler ihren Namen oder einen anderen Schriftzug im Graffiti-Stil auf Papier oder einen Leinwandrahmen auftragen. Als Großprojekt angelegt, können die Schüler auch Schulflure oder Außenwände verschönern – aber nur mit Erlaubnis! In dem Fall wäre der Umgang mit der Sprühdose (Handhabung, Sicherheitsaspekte sowie Sprühtechniken) ein wichtiges Thema der AG. Für Projekte/AGs dieser Art gibt es auch die Möglichkeit, mit Externen zu kooperieren, die sich im Kontext Schule in diesem Bereich spezialisiert haben.

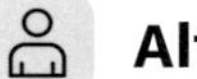

Alter

ab Klasse 3

Materialien

- Leinwände
- Farben (Tuschfarben oder Sprühdosen)
- Pinsel etc.
- Vorlagenbücher, Anschauungsmaterialien
- evtl. Mundschutz für die Arbeit mit Sprühdosen

Möglicher Ablauf einer AG-Stunde

- Ankommen
- Vorstellung des Stundenablaufs
- Arbeitsphase/Übungen zur Sprühtechnik
- Präsentationsphase (Museumsgang)
- Aufräumen
- Abschluss

Weiterführende Hinweise

- *Ganter, C.*: Graffiti School: Der Weg zum eigenen Style. Prestel, 2013.
- *Kaergel, J.*: Schreib mal! Coole Schriften und Buchstabensalat. Prestel, 2013.
- *Walde, C.*: Street Fronts: Graffiti-Schriften von Berlin bis New York. Prestel, 2015.

34 Handarbeiten (allgemein)

Vorstellung der AG

In der Handarbeits-AG werden den Schülern Handarbeitstechniken, wie Stricken, Nähen, Weben, Sticken, Knüpfen etc., vermittelt. Eine Technik kann erlernt und anhand eines Werkstücks (z.B. gehäkelter Kaktus, gestrickte Handytasche, geknüpfte Traumfänger) vertieft werden. Dies dauert in der Regel einige Wochen. Daher ist es sowohl möglich, in einem Schulhalbjahr nacheinander mehrere Techniken zu thematisieren als auch eine Bandbreite an Techniken und Werkstücken anzubieten, aus denen sich die Schüler frei die Technik wählen dürfen, die sie am meisten anspricht. In letzterem Fall sollten selbsterklärende Anleitungen bereitgestellt werden, da es dem Lehrer nicht möglich ist, mehrere Techniken gleichzeitig einzuführen.

Alter

ab Klasse 3

Materialien

- abhängig vom jeweiligen Stundenthema

Möglicher Ablauf einer AG-Stunde

- Ankommen
- Vorstellung des jew. Stundeninhalts
- Arbeitsphase
- evtl. Reflexions-/Präsentationsphase (Museumsgang, „Was ist dir heute gelungen? Wo brauchst du noch Hilfe?“)
- Aufräumen und Abschluss

Weiterführende Hinweise

- *Ordnung, M.*: Vernetzt und zugenäht: Textiles Gestalten in der Grundschule. Auer, 2017.
- *Troll, C./Engelhardt, M.*: Textiles Gestalten in Bildern. Häkeln und Stricken: Materialien für Rechts- und Linkshänder. Auer, 2017.
- *Maibaum, S./Mithra, S.*: 20 x textiles Gestalten für 90 Minuten – Klasse 3/4: Kurze Projekte für schnelle Erfolge. Verlag an der Ruhr, 2012.
- *Heidenreich, F./Andresen, I.*: Das große Kinder-Handarbeitsbuch. Topp, 2014.

35 Handball

Vorstellung der AG

Handball ist nicht erst seit der Handball-Weltmeisterschaft 2019 ein populäres Spiel. Es ist ein Spiel, das in Grundzügen bereits von jungen Kindern gespielt werden kann. In dieser AG werden die Grundlagen erlernt und im Spiel umgesetzt. Einzelne Übungen stehen somit im Vordergrund. Am Ende jeder Einheit kann das Gelernte in einem Abschlussspiel angewandt werden. In vielen Kreisen werden Handballturniere für Grundschulen veranstaltet, an denen Sie mit Ihren Schülern teilnehmen könnten. Falls es so etwas bei Ihnen noch nicht gibt, könnten Sie mit Ihrer AG selbst ein Handballturnier organisieren. Außerdem könnten Sie Ihre Schüler analog zu Schwimmabzeichen spezielle Handball-Abzeichen machen lassen (z. B. den Ball 10-mal in den Winkel des Tores werfen etc.).

Alter

ab Klasse 1

Materialien

- Turnhallenzugang
- Handbälle
- Handballtore

Möglicher Ablauf einer AG-Stunde

- Ankommen
- Aufwärmen
- Vorstellung des Stundeninhalts (Übungen)
- Übungsphase
- Spiel
- Abschluss

Weiterführende Hinweise

- *Obinger, M.*: Handball für die Grundschule: Von der Ballgewöhnung bis zum gemeinsamen Spiel (1. bis 4. Klasse). Auer 2014

36 Hockey

Vorstellung der AG

In der Hockey-AG lernen die Kinder die Regeln des Feld- und Hallenhockeys kennen und setzen diese im Training und im Spiel um. Hockeyspielen erfordert Konzentration, Kooperation und körperlichen Einsatz. Es sollte, wie bei jedem Mannschaftsspiel, darauf geachtet werden, dass die Zusammensetzung der einzelnen Mannschaften von Stunde zu Stunde variiert.

Alter

ab Klasse 1

Materialien

- Hockeyschläger
- Hockeybälle
- Hockeytore
- Turnhallenzugang

Möglicher Ablauf einer AG-Stunde

- Ankommen
- Aufwärmen
- Vorstellung des Stundeninhalts (Übung)
- Übungsphase
- Spiel
- Abschluss

Weiterführende Hinweise

- *Barth, K./Nordmann, L.*: Ich lerne Hockey. Meyer & Meyer, 2008.
- *Hänel, R. u. a.*: Feld- und Hallenhockey: Spiellernen im Minifeld-, Kleinfeld-, Dreiviertelfeld- und Mini-Hallenhockey. Meyer & Meyer, 2012.

37 Holzwerkstatt

Vorstellung der AG

Holz ist ein Werkstoff, aus dem sich die unterschiedlichsten Gegenstände mithilfe verschiedener Werkzeuge herstellen lassen. In der Holzwerkstatt lernen die Schüler den Werkstoff kennen und die dazu gehörenden Werkzeuge sicher einzusetzen. Beispiele für Produkte, die entstehen können:

- *Schnitzarbeiten: kleine Flöte, Figuren*
- *Bastelarbeiten: Perlenketten, Bekleben von Spanholzschachteln mit Gewürzen*
- *Sägearbeiten mit der Laubsäge*

Alter

ab Klasse 1

Materialien

- Holz
- Werkzeuge
- Zugang zum Werkraum

Möglicher Ablauf einer AG-Stunde

- Ankommen
- Vorstellung des Stundeninhalts
- Arbeitsphase
- Präsentationsphase (Museumsgang)
- Aufräumen/Abschluss

Weiterführende Hinweise

- *Allerheiligen, H.:* Werken mit Holz: Fix und fertige Unterrichtsstunden. Kohl Verlag, 2017.
- *Andres, C.*: Tolle Schnitzereien: 16 kreative Projekte aus Grünholz. Naumann und Göbel, 2017.
- *Grün, M.*: Komm, wir schnitzen: Einfache Projekte für Kinder ab 6 Jahren. Christopherus Verlag, 2016.
- *Rittermann, A./Rittermann, S.*: Werkstatt Holz: Techniken und Projekte für Kinder. Haupt Verlag, 2014.

38 Hörspiel

Vorstellung der AG

Die Produktion eines eigenen Hörspiels ist ein großes Projekt, das seine Zeit braucht. Es müssen passende Geschichten gefunden oder selbst geschrieben, Rollen verteilt und auswendig gelernt, Hintergrundgeräusche produziert und alles aufgenommen werden. Das Ergebnis rechtfertigt den Aufwand. Das fertige Hörspiel kann bei Schulfesten oder Schülerversammlungen präsentiert werden. Für alle Teilnehmer sollten am Ende CDs mit dem fertigen Hörspiel gebrannt werden. Weitere Exemplare können auf Schulfesten und Basaren verkauft werden.

Alter

ab Klasse 3

Materialien

- das kostenlose Programm Audacity
- für die Arbeit mit dem Programm Audacity: Computer, Mikrofon
- Texte
- Materialien zum Erzeugen von Hintergrundgeräuschen

Möglicher Ablauf einer AG-Stunde

- Ankommen
- Vorstellung des Stundeninhalts
- Probe bzw. Herstellen von Hintergrundgeräuschen
- Präsentations-/Reflexionsphase („Was haben wir heute geschafft? Was müssen wir beim nächsten Mal tun bzw. beachten?")
- Abschluss

Weiterführende Hinweise

- *Rehm, D.*: Ton ab! Wir produzieren ein Hörspiel – CD. 3. bis 6. Klasse. Persen, 2003.
- *Reh, D./Wagner, C.*: Ton ab! Wir produzieren ein Hörspiel. Bausteine zum produktionsorientierten und fächerübergreifenden Unterricht. Persen, 2003.

39 Instrumentenbau

Vorstellung der AG

Ein Instrument zu spielen, ist etwas Tolles. Ein Instrument zu spielen, das man aber zuvor selbst gebaut hat, ist etwas Besonderes. In dieser AG lernen Kinder, dass man nicht gleich ein teures Instrument kaufen und Musikunterricht haben muss, um Musik machen zu können. Die Schüler bauen ihre Instrumente selbst und gestalten sie individuell. Gemeinsam werden mit den hergestellten Instrumenten Musikstücke gespielt und eigene „komponiert".

Ideen für die AG:

- *Strohhalm-Flöte*
- *Zupfinstrument aus Schuhkarton und Gummibändern*
- *kleine Flöten aus Holz*
- *Rassel aus mit Reis gefüllten Pappbechern, Backpapierdeckeln und Gummiband*
- *Regenmacher aus Chipsdosen und Nägeln*

Alter

ab Klasse 1

Materialien

- abhängig vom Stundeninhalt

Möglicher Ablauf einer AG-Stunde

- Ankommen
- Vorstellung des Stundeninhalts (z. B. Bau eines der genannten Instrumente)
- Herstellungs- oder Übungsphase
- Präsentationsphase
- gemeinsames Musizieren
- Abschluss

Weiterführende Hinweise

- *Riemann, A./Funk, J.*: Mit Kindern Instrumente bauen: mit vielen Liedern, Spielen und Praxistipps. Ausgabe mit CD. Schott, 2016.
- *Kreusch-Jacob, D.*: Klang-Werkstatt für Kinder: Miteinander Instrumente bauen und Musik machen. Don Bosco, 2008.

40 Internet

Vorstellung der AG

Diese AG soll Kinder befähigen, sich im Internet gefahrlos zu bewegen. Die Schüler lernen kindgerechte Internetseiten kennen, sehen YouTube-Videos zu Kinderthemen, suchen nach Informationen zu selbst gewählten Themen und erfahren, was man im Internet lieber vermeiden sollte. Das Internet-ABC (siehe Materialhinweise) bietet hier einen guten Anlaufpunkt.

Alter

ab Klasse 3

Materialien

- für jeden Teilnehmer (mindestens zu zweit) einen Computer/Tablet mit Internetzugang

Möglicher Ablauf einer AG-Stunde

- Ankommen
- Vorstellung des Stundeninhalts
- Erarbeitungsphase
- Reflexionsphase („Was hast du heute gemacht? Was hast du gelernt?")
- Abschluss (z. B. freies Spiel eines Computerspiels, siehe dazu auch Internet-ABC; gemeinsames Angucken eines lustigen Videos)

Weiterführende Hinweise

- *Jansen, L.*: Der Internet-Führerschein: 3. und 4. Klasse. Persen, 2013.
- *Reichardt, C./Siller, F.*: Der Internet-Führerschein für Kinder: Clever surfen – Infos finden – sicher chatten. Verlag an der Ruhr, 2011.
- *Schütz, B.*: Sicherer Umgang mit dem Internet. 2. bis 4. Klasse. Persen, 2018.
- www.internet-abc.de

41 Jahreszeitliches Basteln

Vorstellung der AG

Zu jeder Jahreszeit gibt es Feste oder Gegebenheiten in der Natur, zu denen man Bastelarbeiten gestalten kann. Es kann pro Stunde ein konkretes Bastelangebot zur Verfügung gestellt oder über mehrere Stunden eine Lerntheke angeboten werden, an der sich die Schüler bedienen können. Letztere Variante hat den Vorteil, dass langsamere Schüler auch in der Folgestunde Zeit haben, ihre Bastelarbeit fertigzustellen, oder mehrere Exemplare einer Bastelarbeit erstellt werden können, wenn diese den Kindern besonders gut gefällt. Allerdings ist der Material- und Platzaufwand hierbei höher und die Angebote müssen selbsterklärend sein, weil der Lehrer nicht gleichzeitig mehrere Aufgaben erklären kann. Ideen für das jahreszeitliche Basteln:

- *Basteln mit Naturmaterialien (z. B. Kastanienmännchen im Herbst)*
- *Basteln zu Ostern, Fasching, Weihnachten*
- *Basteln von jahreszeitlichen Fensterbildern und Wandschmuck*

Alter

ab Klasse 1

Materialien

- abhängig vom Stundenthema

Möglicher Ablauf einer AG-Stunde

- Ankommen
- Vorstellung des Stundeninhalts (aktuelle bzw. neue Bastelarbeit)
- Bastelphase
- Präsentationsphase (Museumsgang)
- Aufräumen
- Abschluss

Weiterführende Hinweise

- *Schmidt, J./Schmidt-Soergel, A.:* Jahreszeitliches Basteln und Gestalten – Bände Frühling, Sommer, Herbst, Winter. Persen.
- *frechverlag:* 365 Kinder-Bastelideen: kreativ durchs Jahr. frechverlag, 2015.

42 Jungen

Vorstellung der AG

Mädchen-AGs werden schon häufiger angeboten. Mädchen soll darin die Gelegenheit gegeben werden, sich ohne das andere Geschlecht über mädchenspezifische Themen auszutauschen. Eine Jungen-AG stellt das Pendant dazu dar. Hier geht es darum, dass all das, was Jungen gern tun und wofür in der Schule häufig kein Platz ist, gemacht werden darf. Wichtig ist, dass Sie zwar Ideen anstoßen können, in dieser AG aber die Teilnehmer entscheiden, was letztendlich umgesetzt wird. Ideen:

- *Spiele mit Wettkampfcharakter*
- *Spiele, bei denen Toben und Lautsein erlaubt sind*
- *Experimente*
- *Technikarbeiten (Fischertechnik, Arbeiten aus dem Bereich Werken)*
- *Ausflug auf eine Kartbahn oder in den Kletterpark*
- *Computerspiele*
- *Abenteuerbücher lesen*
- *Fußball: Fußball spielen, Fußballkarten tauschen, Fußball-DVDs schauen*

Alter

ab Klasse 3

Materialien

- abhängig vom Stundeninhalt

Möglicher Ablauf einer AG-Stunde

- Ankommen
- Überblick über den Stundeninhalt
- Spiel- oder Arbeitsphase
- Abschluss

Weiterführende Hinweise

- *Borchers, S./Moskito, J.*: 625 Dinge, die ein Junge wissen muss und getan haben sollte, bevor er zum Mann wird. Schwarzkopf & Schwarzkopf, 2015.
- *Oliver, M./Phillips, M.*: Welcher Käse stinkt am meisten? Verrückte Fakten für coole Jungs. Ravensburger, 2015.

43 Kämpfen nach Regeln

Vorstellung der AG

Das Kämpfen nach Regeln hat seit einigen Jahren Einzug in die Lehrpläne gehalten. In dieser Unterrichtseinheit sind viele Kinder motiviert dabei. Leider ist sie meist zu kurz. In der AG ist daher mehr Zeit dafür, sich kämpferisch mit anderen beim „Ringen und Raufen" zu messen.

Alter

ab Klasse 3

Materialien

- Turnhallenzugang, alternativ Zugang zu einem Raum, der mit Matten ausgelegt ist

Möglicher Ablauf einer AG-Stunde

- Ankommen
- Aufwärmen
- Vorstellung des Stundeninhalts (z. B. bestimmte Arten, fair und nach Regeln gegeneinander zu kämpfen)
- Aufbau
- Übungsphase
- Präsentations-/Reflexionsphase
- Abbau
- Abschluss

Weiterführende Hinweise

- *Busch, F.: Ringen und Kämpfen*: Ideen, Hintergründe und Praxisbeispiele für den Sportunterricht in der Grundschule. Auer, 2017.
- *Leise, C./Wilkening, N.*: Kämpfen nach Regeln im Sportunterricht: Stundenvorschläge, Spiel- und Übungskarten, Reflexionsimpulse. Verlag an der Ruhr, 2013.
- *Beitzen, M.*: Ringen, Raufen, Kämpfen – aber fair! Unterrichtsreihe mit Stationskarten und Spielen für ein kindgerechtes Kräftemessen (3./4. Klasse). Persen, 2017.

44 Känguru-Wettbewerb

Vorstellung der AG

Jedes Frühjahr, am 3. Donnerstag im März, findet der internationale Mathe-Känguru-Wettbewerb statt. Dies ist ein Multiple-Choice-Wettbewerb, an dem über sechs Millionen Schüler (in Deutschland 2018: 911.000) aus fast 80 Ländern zur gleichen Zeit in ihrer Schule unter Aufsicht teilnehmen. Der Wettbewerb soll die mathematische Bildung in den Schulen unterstützen, Freude an der Beschäftigung mit Mathematik wecken und festigen und durch das Angebot an interessanten Aufgaben die selbstständige Arbeit und die Arbeit im Unterricht fördern.

In der Känguru-Wettbewerb-AG üben die Schüler im Vorfeld des Wettbewerbs, indem sie Wettbewerbsaufgaben aus den vergangenen Jahren besprechen und lösen.

Alter

ab Klasse 3

Materialien

- Aufgaben aus den vergangenen Jahren (s. Literaturtipp)

Möglicher Ablauf einer AG-Stunde

- Ankommen
- Aufwärmen (z. B. Kopfrechenspiel)
- Vorstellung von Aufgaben/Aufgabentypen
- Arbeitsphase
- Ergebnissicherung/Lösung
- Abschlussspiel

Weiterführende Hinweise

- *Noack, M. u. a.*: Mathe mit dem Känguru. Die schönsten Aufgaben – verschiedene Bände. Carl Hanser Verlag.

45 Klettern

Vorstellung der AG

Klettern und Bouldern sind Trendsportarten, die auch Kinder faszinieren. Während Bouldern eher in Kooperation mit einem Sportverein stattfinden sollte und den Zugang zu einer Kletterwand notwendig macht, können abwechslungsreiche, fantasievolle Kletterparcours auch in der schuleigenen Turnhalle aufgebaut werden. So können Ihre Schüler mit Spaß und Ehrgeiz erste Klettertechniken erlernen.

Alter

ab Klasse 1

Materialien

- Zugang zur Turnhalle
- verschiedene Matten, Taue, Sprossenwand usw.

Möglicher Ablauf einer AG-Stunde

- Ankommen
- Aufwärmen
- Aufbau des Kletterparcours
- Kletterphase
- Abbau
- Abschlussspiel

Weiterführende Hinweise

- *Rebele, N.*: Klettern und Bouldern für Kids: In der Halle und am Fels. Delius Klasing, 2015.
- *Taubert, I./Triller, F.*: Bouldern und Klettern für die Grundschule: Von der Bewegungslandschaft in der Turnhalle bis zur Kletterwand (1. bis 4. Klasse). Auer, 2013.
- *Köhler-Holle, S.*: Klettern und balancieren – in Turnhalle und Klassenraum: Übungen und Spiele für Motorik, Gleichgewicht und Selbstvertrauen. Verlag an der Ruhr, 2012.

46 Knobeln und Rätseln

Vorstellung der AG

In dieser AG sind alle Kinder willkommen, die gern kniffelige Knobel-Aufgaben lösen. Vielfache Anregungen gibt es dazu im Internet und der angegebenen Literatur. Ideen für die AG:

- *Sudokus und andere Rätsel aus dem mathematischen Bereich*
- *Kreuzworträtsel, Logicals, Detektivgeschichten*
- *Zauberwürfel, Knobelspiele aus Metall etc.*

Alter

ab Klasse 2

Materialien

- abhängig vom Stundeninhalt

Möglicher Ablauf einer AG-Stunde

- Ankommen
- Vorstellung des Stundeninhalts
- Knobelphase
- Reflexions-/Auflösungsphase („Wie lautet die Lösung? Wie bist du auf die Lösung gekommen?“)
- Abschlussspiel/Abschlussrätsel/interner Wettkampf

Weiterführende Hinweise

- *Römer, F./Schröder, J.*: Matheknobeleien 1: Knobelaufgaben im Zahlenraum bis 100 und im Zahlenraum bis 1000. Westermann Lernspieleverlag, 2006.
- *Finster-Setzler, C./Riemke, B.*: Logicals für Kinder: Knifflige Denksportaufgaben (3. bis 6. Klasse). Auer, 2017.
- *Reguigne, C.*: Rund um … Grundschule 2.–4. Schuljahr – Rund um Rästeln, Knobeln, Raten: Kopiervorlagen. Cornelsen, 2007.
- *Brück, J./Havas, H.*: Knobelspaß mit Köpfchen: 555 x Intelligenztraining für clevere Kids. Circon Verlag, 2013.

47 Kochen

Vorstellung der AG

In dieser AG lernen die Kinder, einfache Gerichte zuzubereiten. Um die Kosten zu minimieren, bietet es sich an, Theorie- und Praxisstunden im wöchentlichen Wechsel anzubieten: In einer Woche werden Rezepte notiert, in der nächsten Woche wird gekocht. In den Praxisstunden bereiten mehrere Gruppen verschiedene Gerichte zu, von denen am Ende alle probieren dürfen. Nach Abschluss der AG verfügen die Kinder über ein Repertoire an schnellen, einfachen und gesunden Gerichten und besitzen ein eigenes, schön gestaltetes Rezeptbuch.
Mögliche Mahlzeiten:

- *gesunde Pizzabrötchen*
- *Kartoffelsalat*
- *Potato wedges mit Kräuterquark*
- *Obstsalat mit Vanillesahne*

Alter

ab Klasse 3

Materialien

- Rezepte/Kochbuch für die Kinder
- Lebensmittel
- Kochutensilien, Zugang zu einem Herd

Möglicher Ablauf einer AG-Stunde

- Ankommen
  a) Theoriestunde: Vorstellung der Gerichte, Notieren der Rezepte, Sprechen über Zutaten
  b) Praxisstunde: Vorstellung der Gerichte, Einteilung in Gruppen, Zubereitung, Verköstigung, Aufräumen/Abwaschen
- Abschluss

Weiterführende Hinweise

- *Karmel, A.*: Superlecker! Selbst gemacht: Die Kochschule für Kinder. Dorling Kindersley, 2010.
- *Wilkes, A.*: Kinderkochbuch: So lernst du kochen – Schritt für Schritt. Dorling Kindersley, 2004.
- *Ibbs, K.*: Kochschule für Kids: Leckere Rezepte aus der ganzen Welt. Dorling Kindersley, 2005.

48 Kultur

Vorstellung der AG

In dieser AG geht es darum, Kinder an kulturelle Themen, wie Oper, Ballett, Theater, Literatur, heranzuführen und ihnen diese Welt zu erschließen.
Ideen für die AG:

- *Opernaufführungen sehen (Video oder live)*
- *Künstler-Porträts erstellen*
- *Kunst-Memo spielen*
- *virtuellen Museumsbesuch mit „Google Art Project" durchführen*
- *die deutsche Kultur und Kulturen aus anderen Ländern kennenlernen (Brauchtum etc.)*
- *Kindertheateraufführungen besuchen oder Kindertheatermacher in die Schule einladen*
- *Autorenlesungen veranstalten*
- *Dichterwettbewerbe durchführen*

Alter

ab Klasse 3

Materialien

- abhängig vom Stundeninhalt

Möglicher Ablauf einer AG-Stunde

- Ankommen
- Vorstellung des Stundeninhalts
- Arbeitsphase
- Präsentationsphase
- Abschluss

Weiterführende Hinweise

- *Collet, E.:* So klingen berühmte Opern: Klassik für Kinder (Soundbuch). Ullman Medien, 2017.
- *Simsa, M./Brix, S.*: Mozart für Kinder – Nachtmusik und Zauberflöte: mit CD. Jumbo, 2013.

49 Künstler

Vorstellung der AG

In dieser AG lernen die Schüler das Leben und Werk großer Künstler kennen. Dies kann sich – muss aber nicht – hauptsächlich auf bildende Künstler (Maler, Bildhauer, Zeichner, Grafiker) beziehen. Die Auseinandersetzung mit einem Künstler wird sich dabei meist über mehrere AG-Stunden ziehen, sodass es möglich ist, innerhalb eines Schulhalbjahres mehrere Künstler aus unterschiedlichen Epochen oder mit unterschiedlichen Stilen kennenzulernen. Denkbar ist, dass man neben bildenden Künstlern auch Musiker und Schriftsteller und deren Werk kennenlernt und ihrem Beispiel folgt.
Ideen für die AG:

- *Geschichten aus dem Leben der Künstler hören*
- *Werke und (Mal-)Stil kennenlernen*
- *eigene Werke im Stil des Künstlers erschaffen*
- *Künstler, die sich anbieten: Hundertwasser, Rizzi, Christo, Franz Marc*

Alter

ab Klasse 1

Materialien

- abhängig vom Stundenthema

Möglicher Ablauf einer AG-Stunde

- Ankommen
- Überblick über den Stundenverlauf
- Arbeitsphase
- Reflexions- oder Präsentationsphase (Museumsgang)
- Aufräumen
- Abschlussspiel

Weiterführende Hinweise

- *Vogt, S.*: 20 x Künstler für 90 Minuten – Klasse 1/2: Kurze Projekte zu Künstlern und ihren Werken. Verlag an der Ruhr, 2015.
- *Vogt, S.*: 20 x Künstler für 90 Minuten – Klasse 3/4: Kurze Projekte zu Künstlern und ihren Werken. Verlag an der Ruhr, 2015.

50 Laubsägearbeiten

Vorstellung der AG

Laubsägearbeiten können gut von Grundschulkindern durchgeführt werden, da dafür nur einfache Geräte benötigt werden und sie relativ ungefährlich sind. Es gibt unzählige Gestaltungsmöglichkeiten. Es ist möglich, gemeinsam Projekte anzugehen, oder jeder Schüler hat ein eigenes Projekt. Dabei können Sie Ihren Schülern Angebote machen, aus denen sie wählen können, oder Sie geben ihnen freie Hand für die Umsetzung eigener Ideen. Ideen für die AG:

- *Türschilder*
- *Teelichthalter*
- *Zettelbox*
- *Mobile und Fensterbilder*

Alter

ab Klasse 3

Materialien

- Sägen
- Holz
- Vorlagen

Möglicher Ablauf einer AG-Stunde

- Ankommen
- Überblick über den Stundenverlauf, Erinnerung an Sicherheitsmaßnahmen
- Arbeitsphase
- Präsentations-/Reflexionsphase („Was habt ihr heute gemacht? Wo gab es Schwierigkeiten, wie konntet ihr diese lösen?")
- Aufräumen
- Abschlussspiel

Weiterführende Hinweise

- *Täubner, A.*: Laubsägen für Jungs: Neue freche und coole Ideen aus Holz. frechverlag, 2015.
- *Hochstrat, A.*: Laubsägen für Kinder: Einfache Motive und viele Anwendungen. Topp, 2003.
- *Sturm, C.*: Laubsägen kinderleicht. CTB, 2004.

51 Leichtathletik

Vorstellung der AG

In der Leichtathletik-AG werden Übungen und Mini-Wettkämpfe in den Bereichen Laufen, Springen und Werfen durchgeführt. Die Kinder haben Spaß und erweitern ihre Fähigkeiten. Die Übungen können für alle gleichzeitig oder als Stationenbetrieb angeboten werden. Ideen für die AG:

- *Wurfübungen mit unterschiedlichen Materialien*
- *Staffelläufe unter erschwerten Bedingungen: Kleiderstaffel, Wassereimerstaffel*
- *Spiele zum Ausdauerlauf: Sechs-Tage-Rennen*
- *Hochsprung*

Alter

ab Klasse 1

Materialien

- Zugang zu einer Leichtathletikanlage (Sprunggrube, Aschebahn) bzw. Turnhallenzugang

Möglicher Ablauf einer AG-Stunde

- Ankommen
- Aufwärmen
- Übungen
- Mini-Wettkampf
- Abschlussspiel

Weiterführende Hinweise

- *Katzenbogner, H.*: Kinderleichtathletik: Spielerisch und motivierend üben in Schule und Verein. Philipka, 2010.
- *Bechheim, Y.*: Leichtathletik für Kinder: Spielerische Übungsformen zum Laufen. Springen und Werfen. Limpert, 2011.
- *LASPO*: Laufen, Springen, Werfen unterrichten: Grundwissen und Praxisbausteine (1. bis 4. Klasse). Auer, 2017.
- *Buschmann, B.*: 77 Sportspiele zur Leichtathletik: Laufen – Springen – Werfen (1. bis 4. Klasse). Persen, 2018.

52 Lerntechniken

Vorstellung der AG

Zwar steht das Thema „Lernen lernen" im Curriculum des Sachunterrichts und sollte Bestandteil eines jeden Faches sein, aber in der Realität kommt dieses Thema oft viel zu kurz, obwohl es von hoher Relevanz für die Schüler ist.
Um die Schüler für diese AG zu begeistern, sollte man Anreize schaffen und die AG z. B. „Ausbildung zum Lerntechnik-Profi" nennen. Auch eine Beschränkung auf eine bestimmte Anzahl von Schülern kann den Reiz, teilzunehmen, verstärken. Die AG-Stunden selbst sollten dann viele spielerische Elemente enthalten, damit die Theorie nicht zu „trocken" wird.
Ideen für die AG:

- *Hausaufgaben: Wann, wo und wie?*
- *Memo-Techniken, Eselsbrücken, Lernspaziergänge kennenlernen und selbst erfinden*
- *Brain-Gym-Übungen durchführen*
- *eigene Verstärkersysteme finden und einsetzen*
- *Lerntypentest, lerntypengerechtes Lernen*

Alter

ab Klasse 3

Materialien

- Arbeitsblätter, Spiele etc. zu den Themen

Möglicher Ablauf einer AG-Stunde

- Ankommen
- Vorstellung des Stundeninhalts
- Arbeitsphase
- Reflexionsphase („Was habt ihr heute gelernt? Wie und wann kann euch das helfen?")
- Abschlussspiel

Weiterführende Hinweise

- *Müller, B./Stranghöfer, K.*: Gut starten in Klasse 5. Die wichtigsten Lern- und Arbeitstechniken. vpm, 2015.
- *Rietzler, C./Grolimund, F.*: Clever lernen. Hogrefe, 2018.

53 Leseclub

Vorstellung der AG

Alle Kinder, die gern lesen, sind hier herzlich willkommen. Je nach Altersstufe kann die AG als Leseclub oder Vorleseclub gestaltet sein. Während beim Vorleseclub der Lehrer den Kindern vorliest, dürfen die Kinder sich im Leseclub aus der Schulbücherei Bücher zum Schmökern nehmen und diese während der AG-Zeit lesen. Zum Ende der Stunde können die Schüler sich ihre Bücher gegenseitig vorstellen und berichten, was sie gelesen haben. So bekommen die „Leseratten" Anregungen für neuen Lesestoff.

Alter

- Vorleseclub Klasse 1/2
- Leseclub Klasse 3/4

Materialien

- Zugang zur Schulbücherei
- Bücher

Möglicher Ablauf einer AG-Stunde

- Ankommen
- Besprechungsphase (Jeder Schüler nennt kurz das Buch, in dem er lesen möchte, und die Erwartungen, die er an das Buch stellt. Der Lehrer stellt neue Bücher vor.).
- Lesephase
- Reflexionsphase („Was hast du heute gelesen? Worum ging es?")
- Aufräumen
- Abschluss

54 Mädchen

Vorstellung der AG

In dieser AG geht es um alles, was Mädchen Spaß macht und ihnen am Herzen liegt. Hier können Mädchen einmal ganz unter sich sein. Hier ist Platz, um ganz klischeegetreu Mädchen sein zu dürfen – selbstverständlich gibt es auch Mädchen, die gern Fußball spielen und sich raufen, diese sind aber bei anderen AGs (z. B. Kämpfen nach Regeln) besser aufgehoben!

Ideen für die AG:

- *Mädchenthemen ansprechen: Freundschaften, Pferde, Mädchen und Jungen*
- *Mädchenbücher lesen/vorlesen*
- *Naturkosmetik und Frisurentipps und -tricks besprechen*
- *eine Modenschau veranstalten*

Alter

ab Klasse 3

Materialien

- abhängig vom Stundenthema

Möglicher Ablauf einer AG-Stunde

- Ankommen (z. B. Austauschrunde „Mir geht es gut, weil …/Mir geht es nicht gut, weil …“)
- Vorstellung des Stundeninhalts
- Erarbeitung (z. B. Rollenspiel, Geschichte anhören, Brief schreiben, malen)
- Reflexionsphase („Ich habe heute gelernt …/Mir hat heute gut gefallen …/Mir hat heute weniger gut gefallen …“)
- Abschlussspiel

Weiterführende Hinweise

- *Schmidt, S.*: Lass uns was zusammen machen: 37 Ideen für beste Freundinnen. dtv junior, 2017.
- Mädchensachen zum Selbermachen: Über 70 kreative Ideen. Dorling Kindersley, 2013.

55 Mathe extra

Vorstellung der AG

Mathe-Profis fühlen sich hier wohl. Neben der Vertiefung der Lehrplaninhalte sollten vor allem auch neue Themen behandelt werden, die so nicht im Unterricht drankommen. Hier stehen neben dem Fachwissen der Spaß und die konkrete Anwendung im Alltag im Vordergrund. Ideen für die AG:

- *Wettspiele (Eckenrechnen, Rechenkönig, Tafelfußball) durchführen*
- *Knobelaufgaben (Sudokus) lösen*
- *Aufgaben zur Wahrscheinlichkeitsrechnung vertiefen*
- *geometrische Muster malen*
- *Schuhkarton-Zimmer einrichten (Maßstab)*
- *Interviews durchführen und Statistiken aufstellen*
- *Reiserouten planen (Strecken und Kilometer ausrechnen)*

Alter

ab Klasse 3

Materialien

- abhängig vom jeweiligen Stundenthema

Möglicher Ablauf einer AG-Stunde

- Ankommen
- Überblick über den Stundenverlauf
- Arbeitsphase
- Ergebnissicherung/Reflexionsphase
- Abschlussspiel

Weiterführende Hinweise

- Vielfältige Anregungen finden sich im Internet (mögliche Suchwörter: „Mathe Knobelaufgaben“, „Mathe Spaß“, „Mathe Spiele“) und auf den Zusatzseiten der Lehrwerke.
- Boesten, J.: Die Mathe-Knobel-Kartei: Fermi-Aufgaben, Klasse 5–6. Offene Aufgaben in 3 Schwierigkeitsstufen mit Lösungshilfen. Verlag an der Ruhr, 2013.
- Boesten, J.: Die Mathe-Knobel-Kartei – Klasse 1/2. Denk- und Sachaufgaben in 3 Differenzierungsstufen. Verlag an der Ruhr, 2011.
- Boesten, J.: Die Mathe-Knobel-Kartei – Klasse 3/4. Denk- und Sachaufgaben in 3 Differenzierungsstufen. Verlag an der Ruhr, 2011.

56 Money Club

Vorstellung der AG

Für diese AG müssen Sie Pionierarbeit leisten. In unserer Gesellschaft wird meist nur darüber gejammert, dass alle zu wenig Geld haben und alles immer teurer wird. Den richtigen Umgang mit Geld lernen Kinder – wenn sie Glück haben – von ihren Eltern. In der (Grund-)Schule wird er bislang nicht vermittelt, auch wenn jedem klar ist, dass es einen entscheidenden Unterschied macht, ob „am Ende des Geldes noch viel Monat oder am Ende des Monats noch viel Geld übrig ist". Ideen für die AG:

- *Konsumtagebuch führen: Wofür geben Kinder/Wofür gibt die Familie Geld aus?*
- *Sparangebote von Geschäften und im Internet kritisch hinterfragen*
- *Wünsche und Konsum: Was wird wirklich gebraucht?*
- *Verteilung von Reichtum und Armut auf der Welt/in Deutschland*

Alter

ab Klasse 3

Materialien

- abhängig vom Stundeninhalt

Möglicher Ablauf einer AG-Stunde

- Ankommen
- Vorstellung des Stundeninhalts (siehe oben)
- Arbeitsphase/Diskussionsphase
- Präsentationsphase
- Abschluss

Weiterführende Hinweise

- *Löffler, U./Schick, I.*: Lebenspraktisches Lernen. Geld: Materialien für Schüler mit geistiger Behinderung (5. bis 9. Klasse). Persen, 2017.
- *Braungardt, L.*: Den richtigen Umgang mit Geld lernen: Ein Arbeitsbuch für Schule und Jugendarbeit. Verlag an der Ruhr, 2007.
- *Schäfer, B.*: Ein Hund namens Money. Bodo Schäfer Akademie, 2012.

57 Mosaik

Vorstellung der AG

Mosaike gab es schon im alten Rom. Kleine Elemente werden so angeordnet, dass sich ein großes Bild oder ein Muster ergibt. Aufgrund der unterschiedlichen Materialien, die für einzelne Arbeiten gebraucht werden, ist es weniger sinnvoll, eine Lerntheke mit verschiedenen Angeboten zu gestalten als ein gemeinsames Stundenthema für alle vorzugeben. Ideen für die Mosaik-AG:

- *Mosaik-Bilder auf kariertem Papier malen*
- *Osterkörbe mit Papierschnitzeln bekleben*
- *Spanholzschachteln mit Kernen und Gewürzen bekleben*
- *Gewürzbilder herstellen*
- *einen Bilderrahmen/eine Kachel als Untersetzer mit Mosaiksteinchen bekleben*
- *Bügelperlenbilder, Playmais-Bilder gestalten*
- *Konfetti-Bilder gestalten*

Alter

ab Klasse 1

Materialien

- Unterlagen (Bilderrahmen, Spanholzschachteln etc.)
- Mosaikplättchen, Bügelperlen, Papierfetzen etc.

Möglicher Ablauf einer AG-Stunde

- Ankommen
- evtl. kurze Vorstellung der neuen Aufgabe
- Gestaltungsphase
- Präsentationsphase (Museumsgang, evtl. mit Feedbackrunde)
- Aufräumen
- Abschlussspiel

Weiterführende Hinweise

- Tutorials zum Erstellen von Mosaiken gibt es auf Youtube.

58 Musik (allgemein)

Vorstellung der AG

In dieser AG muss sich niemand für Singen, Musizieren oder Tanzen entscheiden, hier hat jeder Teilbereich seine Berechtigung und alles wird einmal gemacht. Daher sind die Gestaltungsmöglichkeiten dieser AG auch äußerst vielfältig.
Ideen für die AG:

- *Singen*
- *Tanzen*
- *Instrumentenbau und Instrumentenspiel*
- *berühmte Musiker (Komponisten, Sänger, Musiker) und ihr Werk*
- *Rhythmus- und Bewegungsspiele*
- *Konzertbesuche*
- *Musikstücke, Lieder oder Tänze einüben und vorführen*

Alter

ab Klasse 1

Materialien

- abhängig vom Stundeninhalt

Möglicher Ablauf einer AG-Stunde

- Ankommen
- Vorstellung des Stundeninhalts
- Arbeitsphase
- evtl. Präsentationsphase
- evtl. Aufräumen
- Abschlussspiel

Weiterführende Hinweise

- *Steurich, C.*: 20 x Musik für 45 Minuten – Klasse 1/2: Ausgearbeitete Stunden mit Materialien und Musikstücken. Verlag an der Ruhr, 2012.
- *Steurich, C.*: 20 x Musik für 45 Minuten – Klasse 3/4: Ausgearbeitete Stunden mit Materialien und Musikstücken. Verlag an der Ruhr, 2013.
- *Geffers, A./Engelke, J.*: Große Komponisten für Kinder: Unterrichtsmaterialien zur aktiven Musikbegegnung – mit Audio-CD. Verlag an der Ruhr, 2009.

59 Nähen

Vorstellung der AG

In dieser AG können Anfänger den Umgang mit Nadel und Faden erlernen, Fortgeschrittene können kleine Nähprojekte selbst planen und in Angriff nehmen. Profis trauen sich vielleicht sogar schon an eine Kinder-Nähmaschine heran. Gestaltungsmöglichkeiten gibt es viele, welche man tatsächlich wählt, hängt stark von den Vorkenntnissen und Fähigkeiten der Teilnehmer ab. Durch das Anbieten mehrerer Ideen auf verschiedenen Stufen in Form einer Lerntheke kann differenziert werden. Ideen für die AG:

- *eine kleine Tasche/eine Federmappe/eine Handyhülle nähen*
- *ein eigenes Stofftier nähen*
- *Freundschafts- oder Haarbänder nähen*
- *Kakteen nähen*
- *Einführung in das Nähen mit der (Kinder-)Nähmaschine*

Alter

ab Klasse 3

Materialien

- Stoffe
- Nadeln, Scheren, Stecknadeln, Schneiderkreide etc.

Möglicher Ablauf einer AG-Stunde

- Ankommen
- evtl. Vorstellung eines neuen Stundeninhalts (z. B. Erklären einer Technik)
- Gestaltungsphase
- Präsentationsphase
- Aufräumen

Weiterführende Hinweise

- *Früh, P./Buck, A.*: Das Kinder-Nähmaschinen-Abc: Einfache Nähprojekte Schritt für Schritt erklärt (100 % selbst gemacht). Coppenrath, 2016.
- *Wehren, B.*: Der Nadel-und-Faden-Führerschein (2. bis 4. Klasse). Persen, 2016.
- *Küssner-Neubert, A.*: Das Nähbuch für Kinder – alles von Hand genäht. CV, 2016.

60 Naturkosmetik herstellen

Vorstellung der AG

In unserer Gesellschaft gibt es immer mehr Menschen, die mit Allergien auf künstlich erzeugte Produkte, wie Kosmetika, reagieren. In der Naturkosmetik-AG lernen Schüler, mit natürlichen Produkten einfache Seifen, Cremes oder Lipgloss herzustellen. Wichtig ist es, zu Beginn der AG in einem Elternbrief bereits bekannte Allergien abzufragen und dass die Eltern ihr Einverständnis zur AG-Teilnahme geben, damit man als Lehrer rechtlich abgesichert ist, falls doch einmal eine allergische Hautreaktion auftreten sollte. Damit die AG nicht zu kostspielig wird, kann man eine Theoriestunde mit einer Praxisstunde abwechseln. In der Theoriestunde werden die Rezepte notiert, über die Inhaltsstoffe gesprochen und ein schönes Rezeptbuch zusammengestellt. In der Praxisstunde werden die Rezepte ausprobiert. In der Theoriestunde können außerdem Grundlagen über die richtige Körperhygiene und -pflege gelegt, Apotheken oder Reformhäuser besucht oder andere Pflegetipps (z. B. per Youtube-Tutorial) vermittelt werden. Mögliche Inhalte:

- *Badesalz mit Lavendelblüten*
- *Rosenöl*
- *Lipgloss aus Bienenwachs, Jojobaöl, Mandelöl, Shea- und Kakaobutter*

Alter

ab Klasse 3

Materialien

- Rezepte und Zutaten
- Behälter zum Aufbewahren der fertigen Produkte

Möglicher Ablauf einer AG-Stunde

- Ankommen
- Überblick über die Stunde
- Arbeitsphase
- Abschluss

Weiterführende Hinweise

- *Gavilanes, I./Eckinger, E.*: Hallo, du Schöne! Badebomben, Lipgloss und Rosenöl: Einfache DIY-Schönheitsrezepte für Mädchen. Arena, 2017.

61 Naturschutz

Vorstellung der AG

Diese AG kann in Kooperation mit der örtlichen NABU-Gruppe oder ohne externe Hilfe durchgeführt werden. Ziel ist es, die Schüler auf die Bedeutung der Umwelt für den Menschen, die Gefährdung von Tieren und Pflanzen und die Möglichkeiten des aktiven Naturschutzes aufmerksam zu machen. Ideen:

- *Müll sammeln in der Stadt, im Park, im Wald*
- *Nistkästen, Meisenknödel, Insektenhotels selbst bauen*
- *Stunde der Singvögel/Wintervögel: Vögel zählen*
- *evtl. beim Aufbau von Krötenzäunen mithelfen*
- *Überlegungen anstellen, wie vor Ort Natur geschützt werden kann, dazu passende Aktionen planen und durchführen, evtl. Brief an Politiker schreiben und auf Umweltprobleme hinweisen*
- *Organisationen kennenlernen, die die Natur aktiv schützen (Bücher, Filme, Videos)*
- *evtl. die örtlichen Naturschutz-Vereine besuchen*
- *Plakate zu Naturschutzthemen erstellen und in der Schule aufhängen*

Alter

ab Klasse 3

Materialien

- abhängig vom jeweiligen Stundenthema

Möglicher Ablauf einer AG-Stunde

- Ankommen
- Vorstellung des Stundeninhalts
- Arbeitsphase/Diskussionsphase
- evtl. Präsentationsphase
- Abschluss

Weiterführende Hinweise

- *Laux, B.*: Sonne, Wind und Wasserkraft. Ökotopia, 2009.
- *Haag, H./Rohrbeck, M.*: 50 Naturschutzprojekte. Coppenrath, 2017.
- Kinatschu – kostenlose Zeitschrift vom Bundesamt für Naturschutz

62 Origami

Vorstellung der AG

Die fernöstliche Kunst des Papierfaltens begeistert Groß und Klein. Nach etwas Eingewöhnungszeit wird es den Schülern immer leichter falten, die Falttechniken anzuwenden und so Tiere, Pflanzen, Autos usw. aus Papier entstehen zu lassen und diese zu Landschaften oder Bildern zusammenzustellen. Ideen:

- *Tiere falten und einen Zoo/Bauernhof aufbauen*
- *Pflanzen falten und damit Glückwunschkarten verzieren*
- *Autos und Häuser falten und damit einen großen Stadtplan gestalten (Gemeinschaftsarbeit)*
- *Fische falten und ein Meeresbild gestalten oder ein aufgehängtes Netz mit den Fischen bestücken*

Alter

ab Klasse 3

Materialien

- Origami-Papier
- Anleitungen
- bereits gefaltete Figuren als Anschauungsbeispiele

Möglicher Ablauf einer AG-Stunde

- Ankommen
- Vorstellung des Stundeninhalts (Anschauungsbeispiel)
- gemeinsames Falten nach Anleitung
- freies Falten, evtl. „Weiterverarbeitung“ (Bild, Landschaft usw.)
- Präsentationsphase (Museumsgang)
- Aufräumen
- Abschluss

Weiterführende Hinweise

- *Herzog, A.*: Das hab ich gefaltet. Faltklassiker für Kinderhände. Topp, 2013.
- *Boursin, D.*: Falten kinderleicht – ORIGAMI für Kinder. Topp, 2017.
- *Küntzel, K.*: Origami für Kinder – Tolle Ideen aus Papier: kinderleicht & kreativ ab 8 Jahren. Circon, 2013.

63 Outdoor

Vorstellung der AG

Eine Outdoor-AG bietet sich eher in ländlichen als in städtischen Gegenden an. Am idealsten ist es, wenn ein kleiner Wald in der Nähe liegt. Outdoor bedeutet, dass man sich tatsächlich überwiegend draußen aufhält. An ganz verregneten Tagen kann ersatzweise auch Pfadfinder-Wissen indoor gelehrt werden, das sollte aber die Ausnahme sein. Wechselkleidung sollte in der Schule parat sein, denn bei der Outdoor-AG kann man schnell dreckig werden. Wer keinen Wald in der Nähe hat, dafür aber vielleicht einen grünen Schulhof oder einen benachbarten Park, kann eine Outdoor-AG in modifizierter Weise anbieten und evtl. einen Tagesausflug in den Wald planen. Ideen für die AG:

- *schnitzen*
- *Tiere beobachten*
- *Tipis aus Ästen bauen*
- *Pfadfinderwissen anwenden*
- *Geocaching/Schatzsuche durchführen*

Alter

ab Klasse 1

Materialien

- je nach Stundeninhalt

Möglicher Ablauf einer AG-Stunde

- Treffen vor der Schule, Hinweg
- Aufenthalt in der Natur
- Rückkehr in die Schule

Weiterführende Hinweise

- *Riemann, A.*: Scout Outdoor-Handbuch: für kleine Entdecker und Naturforscher. Lingen, 2015.
- *Bering, R.*: Mein Outdoor-Erlebnisbuch: Spannung, Abenteuer und geheime Tricks. Komet, 2016.
- *Wernsing, B./Rohrbeck, M.*: 50 Bauprojekte mit Stock, Seil und Schnur: Mit Outdoor-Maßband. Coppenrath, 2018.

64 Papierwerkstatt

Vorstellung der AG

Aus Papier lassen sich die tollsten Dinge herstellen. Die Auswahl der Angebote richtet sich nach dem Alter und den motorischen Fähigkeiten der Schüler und kann thematisch zusammengefasst werden (z. B. jahreszeitliche, experimentelle, spielerische Angebote). Ideen für die AG:

- *vielfältige Bastelarbeiten durchführen*
- *Papier schöpfen*
- *Geschenkpapier bedrucken*
- *Girlanden falten*
- *Laternen basteln*
- *Karten herstellen*
- *standhafte Papierbrücken bauen*

Alter

ab Klasse 1

Materialien

- verschiedenste Papierarten
- Schere
- Klebstoff
- weitere Materialien (z. B. Perlen, Kulleraugen)
- Stifte
- Anleitungen, fertige Werkstücke als Anschauungsbeispiele

Möglicher Ablauf einer AG-Stunde

- Ankommen
- Vorstellung des Stundenthemas (evtl. mit kurzer Demonstration, wie man das Werk erstellt)
- Arbeitsphase
- Präsentationsphase
- Aufräumen
- Abschluss

Weiterführende Hinweise

- *Berger, U./Kersten, D.*: Die Papier-Werkstatt: Spannende Experimente mit Papier und Pappe. Velber, 2009.
- *Undorf, A.*: Lernwerkstatt Papier. BVK, 2016.

65 Parkour

Vorstellung der AG

Le Parkour ist eine Trendsportart, bei der es darum geht, nur durch Einsatz des eigenen Körpers von einem Punkt zu einem anderen Punkt zu gelangen und dabei verschiedenste Hindernisse zu überwinden (z. B. Treppen, Mauern, Gräben etc.). Dies ist durch Springen, Laufen, Rennen, Rollen und andere Bewegungen möglich. Im Internet gibt es jede Menge teils spektakuläre Videos dazu. In der Schule bietet es sich an, in der Turnhalle eine Bewegungslandschaft aus Matten, Reckstangen, kleinen und großen Kästen, Trampolin etc. aufzubauen. Trainingskarten können den Schülern Abläufe vorgeben, die nachgemacht werden müssen, oder aber die Schüler wählen frei, wie sie durch den Parcours gelangen.

Alter

ab Klasse 1

Materialien

- Turnhallenzugang
- Materialien, s. o.

Möglicher Ablauf einer AG-Stunde

- Ankommen
- Vorstellung des Stundenthemas/Aufbau
- Aufwärmen
- Bewegungsphase
- Abbau
- Abschlussspiel/Cool down

Weiterführende Hinweise

- *Buschmann, B.*: Neue Sportarten für die Grundschule: Praktische Unterrichtsreihen zu Sport Stacking, Crossboule, Discgolf, Le Parkour und Waveboarden. Persen, 2014.
- *Rochhausen, S.*: Parkoursport im Schulturnen: Le Parkour & Freerunning-Praxishandbuch für das Hallentraining mit Kindern und Jugendlichen. Books on demand, 2009.

66 Pferde

Vorstellung der AG

Fast alle Mädchen lieben Pferde. Warum sollte man dann nicht einmal eine AG zum Lieblingsthema der Mädchen anbieten? Viele Themenvorschläge kommen sicherlich auch von den Mädchen selbst. Langweilig wird es bestimmt nicht, wenn Pferdeexperten unter sich sind. Ideen für die AG:

- *Pferdewissen vertiefen*
- *Pferderomane lesen*
- *Pferdefilme anschauen (z. B. Ostwind)*
- *mit dem örtlichen Reitverein kooperieren*
- *Gestüt besuchen*

Alter

ab Klasse 1

Materialien

- abhängig vom Stundeninhalt

Möglicher Ablauf einer AG-Stunde

- Ankommen
- Vorstellung des Stundeninhalts
- Arbeitsphase
- evtl. Reflexions-/Präsentationsphase
- Abschluss (z. B. Pferdequiz)

Weiterführende Hinweise

- *Eschbach, A./Eschbach, M.*: Pferdesprache für Kinder. Kosmos Verlag, 2014.
- *Behling, S.*: Was ist was? Band 27: Pferde. Von frechen Fohlen und wilden Mustangs. Tessloff, 2013.
- *Henke, C./Olbricht, G.*: Mein superstarkes Pferdequiz: 634 Fragen für echte Pferdefans. Kosmos Verlag, 2016.

67 Plattdeutsch

Vorstellung der AG

Plattdeutsch steht hier als ein Beispiel für deutsche Dialekte. Ebenso gut könnte es eine Schwäbisch-, Saterfriesisch- oder Sächsisch-AG geben. In der AG geht es darum, den Dialekt der Gegend, in der die Schüler aufwachsen, vor dem Aussterben zu bewahren und ihn aktiv zu pflegen. Ideen für die AG:

- *den Dialekt erlernen*
- *kleine Theaterstücke spielen*
- *Gedichte und Geschichten lesen*
- *Briefe schreiben*
- *Hörspiele anhören*
- *Rollenspiele durchführen*
- *Texte „übersetzen"*

Alter

ab Klasse 3

Materialien

- vom Stundeninhalt abhängig

Möglicher Ablauf einer AG-Stunde

- Ankommen: Begrüßung im Dialekt
- Sprach-Aufwärmspiel, um in die Sprache hineinzukommen
- Arbeitsphase
- evtl. Reflexions-/Präsentationsphase
- Abschlussspiel

Weiterführende Hinweise

- *Schwippert, R.*: Fiete lehrt Plattdüütsch: En Lehrbook för Anfänger, Lütte un anner Lüüd. Husum Druck- und Verlagsgesellschaft, 2017.
- *Oertel, K.*: Fröhjahr, Sommer, Harvst un Winter: Mit plattdeutschen Gedichten und Liedern durch das Jahr. Wachholtz, 2016.
- *Scholz, V.*: Lüttjet Platt: Mein erstes Platt-Buch. Schünemann, 2010.

68 Poetry-Slam

Vorstellung der AG

Ins Deutsche übersetzt, heißt Poetry-Slam „Poesiewettstreit". Die Poetry-Slammer sind Hobby-Schriftsteller, die ihre Werke dem Publikum auf einer Bühne vortragen. Dabei sind drei Regeln zu beachten:

1. *Der Text muss selbst verfasst sein.*
2. *Es dürfen keine Requisiten oder Musikinstrumente eingesetzt werden.*
3. *Der Vortrag darf maximal fünf Minuten dauern.*

Am Ende des Poetry-Slams kürt das Publikum einen Sieger. Poetry-Slams finden seit einigen Jahren regelmäßig in fast allen größeren Städten statt.In der AG wird auf einen eigenen Poetry-Slam hingearbeitet. Ideen für die AG:

- *Textformen kennenlernen*
- *Videos von Poetry-Slams als Beispiel ansehen*
- *eigene (längere) Texte schreiben*
- *lernen, die Texte publikumswirksam vorzutragen*
- *konstruktives Feedback geben und annehmen*

Alter

ab Klasse 3

Materialien

- Schreibutensilien

Möglicher Ablauf einer AG-Stunde

- Ankommen
- Vorstellung des Stundeninhalts
- Arbeitsphase
- evtl. Reflexions-/Präsentationsphase
- Abschlussphase

Weiterführende Hinweise

- *Schütz, X.*: Slam Poetry mit Grundschulkindern: Kurze Texte schreiben und vortragen (3. und 4. Klasse). Persen, 2012.
- *Dean Ruddock, S. u. a.*: Slamsala Bumm: Poetry-Slam-Texte für ganz junge Leute. Lektora, 2018.

69 Programmieren

Vorstellung der AG

Die Faszination, die von Computerspielen ausgeht, kennen auch Grundschüler bereits. In dieser AG sollen sie aber nicht die Gelegenheit bekommen, Spiele zu konsumieren, sondern sie sollen im besten Fall zu eigenen Spieleentwicklern werden. Als Vorstufen werden in ganz einfacher Form Grundlagen der Programmierung vermittelt. Perfekt geeignet ist dafür beispielsweise das kostenlose Programm Scratch oder das bereits schon an vielen Schulen vorhandene Calliope. Selbst wenn Sie auf diesem Gebiet keinerlei Erfahrungen haben, werden Sie merken, dass es kinderleicht ist, sich dank Scratch oder dem Calliope in die Programmierung einzufinden. Im Internet finden Sie für den Einstieg zahlreiche Tutorials und kostenlose Materialien.

Alter

ab Klasse 3

Materialien

- Computerzugang für jeden Teilnehmer (zwei Kinder pro Computer gehen auch)
- Arbeitsblätter (s. Literaturempfehlungen)
- evtl. Internetzugang

Möglicher Ablauf einer AG-Stunde

- Ankommen
- Vorstellung des Stundeninhalts (z. B. Denkweise eines Computers, Schleifen, Bedingungen)
- Arbeitsphase
- evtl. Reflexions-/Präsentationsphase
- Abschluss

Weiterführende Hinweise

- *Sweigart, A./Gronau, V.*: Coole Spiele mit Scratch: Lerne programmieren und baue deine eigenen Spiele. dpunkt, 2017.
- *Knodel, D./Knodel, P.*: Einfach Programmieren für Kinder. Carlsen, 2017.
- *Bergner, N.*: Eigene Apps programmieren für Dummies junior. Wiley-VCH, 2016.
- *Kerscher-Hack, S.*: 20 x Programmieren für 45 Minuten. Verlag an der Ruhr, 2019.

70 Rope Skipping

Vorstellung der AG

Rope Skipping ist eine moderne Form des Seilspringens, bei der Tricks, sogenannte Stunts, erlernt werden, die mit tänzerischen und akrobatischen Elementen zu fetziger Musik dargeboten werden. Beim Rope Skipping bewegt man sich allein, mit einem Partner oder in der Gruppe. Aufführungen sorgen bei Schulfesten und Schülerversammlungen für Begeisterung bei den Zuschauern.

Alter

ab Klasse 3

Materialien

- für jeden Teilnehmer ein Rope Skipping-Seil
- Musik
- Anleitungen (Abbildungen der Stunts oder ganzer Choreografien)

Möglicher Ablauf einer AG-Stunde

- Ankommen
- Aufwärmen
- Übungen
- evtl. Choreografie
- Abschlussspiel

Weiterführende Hinweise

- *Böttcher, H.*: Rope Skipping (Wo Sport Spaß macht.). Meyer & Meyer, 2013.

71 Schach

Vorstellung der AG

Schach-AGs haben in vielen Schulen eine lange Tradition. Das „Spiel der Könige" schult das logische Denken und macht Spaß. In der AG erlernen die Schüler neben den Grundlagen des Spiels verschiedene Spielformen (z. B. Blitzschach) oder wie sie bestimmte Strategien anwenden können, um zu gewinnen. Häufig gibt es die Möglichkeit, gegen Ende des Schuljahres an einem schulübergreifenden Schach-Turnier als Mannschaft teilzunehmen. Sie können natürlich auch ein Turnier innerhalb Ihrer AG veranstalten.

Alter

ab Klasse 3

Materialien

- Schachspiele, für je zwei Schüler eines
- evtl. weitere schriftliche Materialien, in denen Strategien erklärt werden

Möglicher Ablauf einer AG-Stunde

- Ankommen
- Vorstellung des Stundeninhalts (Strategien, Probleme etc.)
- Anwendung (Spiel mit festem oder wechselnden Partnern)
- Reflexionsphase
- Abschluss

Weiterführende Hinweise

- *Wertenbroch, W.*: Schach in der Grundschule: Für Einsteiger und Fortgeschrittene (1. bis 4. Klasse). Persen, 2004.
- *Jordan, D./Niesch, H.*: Kinderschach-Übungsheft mit Arbeitsblättern. JugendSchachVerlag, 2015.
- *Hilbert, J./Lengwenus, B.*: Fritz & Fertig. Schach-Rätsel-Block: Kniffliges Gehirnjogging rund um das Königsspiel. Quinto, 2007.

72 Schmuck herstellen

Vorstellung der AG

Schmuck begeistert nahezu alle Mädchen. Diesen selbst herzustellen, macht Spaß und verleiht Stolz und Selbstvertrauen in die eigenen Fähigkeiten. Schmuck kann mit alltäglichen, leicht zu beschaffenden, preiswerten Materialien gestaltet werden. In der AG werden verschiedene Materialien und Herstellungsweisen gezeigt und den Schülern wird Gelegenheit gegeben, eigene Schmuckstücke anzufertigen. Schmuckstücke können als „Kollektion" in Schaukästen ausgestellt oder bei einer Modenschau präsentiert werden. Für Basare und Schulfeste können Schmuckstücke hergestellt werden, die dann verkauft werden (der Erlös kann zur Anschaffung weiterer Materialien und Werkzeuge für die AG genutzt werden). Ideen für die AG:

- *Knopfohrringe*
- *Ketten aus Naturmaterialien*
- *Freundschaftsbänder mit Perlen*
- *Haarspangen/Haarreifen mit Papierblumen bekleben*

Alter

ab Klasse 3

Materialien

- je nach Stundeninhalt Materialien und Werkzeuge

Möglicher Ablauf einer AG-Stunde

- Ankommen
- Vorstellung des Stundeninhalts
- Herstellungsphase
- Aufräumen
- Abschluss

Weiterführende Hinweise

- *Stempel, R.*: Cooler Schmuck – einfach selbst gemacht: Tolle Ideen für coole Girls. Parragon, 2007.

73 Schriftsteller

Vorstellung der AG

Bei der Schriftsteller-AG lernen Ihre Schüler Schriftsteller mit ihren Werken und Arbeitsweisen kennen. Zudem werden sie selbst als Schriftsteller tätig, indem sie eigene Texte verfassen, diese in Schreibkonferenzen präsentieren und überarbeiten und schließlich dem Publikum vortragen. Die Mischung aus verschiedenen Beschäftigungen macht den Reiz dieser AG aus. Neben den bereits erwähnten Möglichkeiten können Sie z. B. auch:

- *Autoren zu Lesungen in die Schule einladen*
- *Eltern/Lehrer/Nachbarn/Lesepaten bitten, ihre Lieblingsgeschichten vorzulesen*
- *eine Buchhandlung besuchen*
- *ausgewählte Bücher gemeinsam lesen, analysieren, Filme dazu sehen und mit dem Buch vergleichen*
- *Youtube-Videos ansehen, in denen Schriftsteller über ihre Arbeit berichten*
- *Briefe an Autoren schreiben*

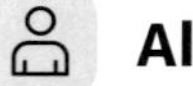

Alter

ab Klasse 3

Materialien

- Papier, Stifte
- Bücher
- evtl. Filme, Internetzugang

Möglicher Ablauf einer AG-Stunde

- Ankommen
- Vorstellung des Stundeninhalts
- Arbeitsphase
- evtl. Reflexions-/Präsentationsphase
- Abschluss

Weiterführende Hinweise

- *Brosche, H. u. a.*: Wie der Löwe ins Kinderbuch flog ... Geheimnisse erfolgreicher Kinder- und Jugendbuchmacher. edition zweihorn, 2011.
- *Wilkening, N.*: Rund um Cornelia Funke. Cornelsen, 2011.
- *Hattendorf, A./Hoppe, I.*: Rund um Astrid Lindgren. Cornelsen, 2007.

74 Schülerzeitung

Vorstellung der AG

Eine Schülerzeitungs-AG hat an vielen Schulen in der Sekundarstufe eine lange Tradition, in Grundschulen gibt es sie eher selten. Sicherlich sollte man sein Ziel nicht zu hoch stecken: Eine Schülerzeitungsausgabe pro Halbjahr ist schon genug. In den AG-Stunden lernen die Jungreporter das Handwerkszeug der Zeitungsmacher. Ideen für die AG:

- *Zeitungen und Zeitschriften vergleichen*
- *Themen suchen (Schulleben, Unsere Stadt, Besondere Menschen, Mein Hobby, Tiere usw.)*
- *Interviews durchführen*
- *Artikel schreiben, layouten*
- *Werbeanzeigen akquirieren*
- *Angebote von Druckereien einholen*
- *einen Elternbrief aufsetzen und für die Schülerzeitung werben*
- *die Schülerzeitung in der großen Pause verkaufen*

Alter

ab Klasse 3

Materialien

- Computer für Recherchen und das Verfassen von Artikeln
- Schreibutensilien
- evtl. Internetzugang

Möglicher Ablauf einer AG-Stunde

- Ankommen
- Besprechung („Was habt ihr heute vor? Worüber wollt ihr schreiben?")
- Arbeitsphase
- Präsentation/Reflexion („Wie weit seid ihr gekommen?"/Artikel vorlesen)
- Abschluss

Weiterführende Hinweise

- *Susemihl, G/Schulz, T.*: Mach deine eigene Zeitung: Notiz- und Handbuch für Schülerreporter und Nachwuchsjournalisten. Uni-Editon, 2015.

75 Schulfest

Vorstellung der AG

Alle Jahre wieder steht das Schulfest an. Und oft fühlen sich die Lehrer mit dem Zusatzaufwand überlastet. Warum also nicht diejenigen, die es betrifft, also Ihre Schüler, mit einbeziehen? Sie werden eine Menge lernen. Ideen für die AG:

- *mit den Schülern Ideen sammeln („Welches Motto soll unser Schulfest haben? Was wollen wir an diesem Tag machen?")*
- *einen Organisationsplan/To-do-Listen erstellen*
- *die Ideen den Lehrern, Schülern und Eltern präsentieren*
- *Helfer-Listen schreiben*
- *Einladungen (Flyer) produzieren und verteilen (z. B. an Nachbarn der Schule)*
- *evtl. Angebote für Großbestellungen (z. B. Geschirr, Servietten) im Internet recherchieren, einholen und vergleichen*

Alter

ab Klasse 3

Materialien

- keine bestimmten Materialien notwendig, abhängig davon, was für das Schulfest vorbereitet wird

Möglicher Ablauf einer AG-Stunde

- Ankommen
- Absprache über den Ablauf der Stunde („Wer arbeitet an welchem Projekt weiter? Was braucht ihr dafür?")
- Arbeitsphase
- Reflexions-/Präsentationsphase („Wie weit seid ihr gekommen? Was nehmt ihr euch für das nächste Mal vor?")
- Abschluss

Weiterführende Hinweise

- *Keil, M.*: Feste feiern in der Grundschulzeit: Ausgearbeitete Planungsvorschläge für Klassen- und Schulfeste. Persen, 2018.
- *Siebenborn, C.*: Unvergessliche Einschulungsfeiern stressfrei gestalten: Lieder, Aufführungen, Planungshilfen und Vorlagen. Verlag an der Ruhr, 2014.

76 Schulhausgestaltung

Vorstellung der AG

In der Schulhausgestaltungs-AG geht es darum, das Schulhaus und den Schulhof ansprechend zu gestalten. Hier sind der Fantasie keine Grenzen gesetzt. Die Schüler können an der Ideenfindung beteiligt werden, indem man ihnen verschiedene Möglichkeiten vorstellt und diese dann gemeinsam umsetzt. Ideen für die AG (teils nach Absprache mit dem Hausmeister der Schule):

- *Kunstwerke (Bilder, Skulpturen etc.) in den Fluren aufstellen/aufhängen*
- *die Wände streichen und bemalen*
- *Pflanzen auf den Fensterbänken aufstellen*
- *Sitzecken schaffen*
- *bunte Schilder an Klassenzimmern anbringen*

Alter

ab Klasse 1

Materialien

- abhängig von der geplanten Gestaltungsmaßnahme

Möglicher Ablauf einer AG-Stunde

- Ankommen
- Besprechung („Woran arbeiten wir heute?“ bzw. „Wer arbeitet heute an welchem Projekt?“)
- Arbeits-/Gestaltungsphase
- Reflexions-/Präsentationsphase („Was habt ihr heute gearbeitet? Was braucht ihr beim nächsten Mal?“)
- Aufräumen
- Abschluss

Weiterführende Hinweise

- *Knoll, E./Müller-Appel, R.*: Gestalten für das Schulhaus – mehr als Basteln 3+4. Auer, 2016.
- *Webersberger, A./Brindl, S.*: Gestalten für das Schulhaus – mehr als Basteln 1+2. Auer, 2018.
- *Redaktionsteam Verlag an der Ruhr*: Unsere Schule – perfekt organisiert: 110 Schilder für Türen, Wände und Regale. Verlag an der Ruhr, 2018.

77 Schulleben

Vorstellung der AG

Zum Schulleben gehören viele Aspekte, z. B. Schulfeste, Pausengestaltungsmöglichkeiten, Gestaltung des Schulhauses, Schülerversammlungen etc. In dieser AG können die Kinder Demokratie live erfahren. Sie werden als Hauptakteure in der Schule ernst genommen und nach ihren Wünschen befragt. Sie können Ideen einbringen, die das Schulklima verbessern, und sich aktiv an der Umsetzung beteiligen. Ideen für die AG:

- *Ideensammlung/Befragung der Mitschüler („Was stört euch? Was kann noch verbessert werden?")*
- *Projekte planen, der Schulgemeinsaft vorstellen und durchführen*
- *kleinere Projekte: Pausenhofputzplan organisieren, Willkommensschilder für Erstklässler basteln, sich Wegweiser für Kinder ohne Deutschkenntnisse ausdenken, Kummerkasten aufstellen*
- *größere Projekte: Weidentunnel pflanzen, Wände streichen*

Alter

ab Klasse 2

Materialien

- je nach Projekt

Möglicher Ablauf einer AG-Stunde

- Ankommen
- Absprache über den Ablauf der Stunde („Wer arbeitet an welchem Projekt weiter? Was braucht ihr dafür?")
- Arbeitsphase
- Reflexions-/Präsentationsphase („Wie weit seid ihr gekommen? Was nehmt ihr euch für das nächste Mal vor?")
- Abschluss

78 Selbstverteidigung

Vorstellung der AG

Man kann Kinder nicht vor allen Gefahren schützen, aber man kann ihnen beibringen, wie sie sich im Falle eines Angriffs oder Übergriffs wehren können. Auf spielerische Art und Weise können Kinder hier gefestigt werden, Nein zu sagen, sich zu wehren und sich selbst zu verteidigen.

Ideen für die AG:

- *Rollenspiele durchführen*
- *Geschichten lesen/anhören und über deren Inhalte nachdenken*
- *Übungen zur Abwehr durchführen*
- *Kindernottelefon kennenlernen*

Alter

ab Klasse 3

Materialien

- Materialien zum Stundenthema passend

Möglicher Ablauf einer AG-Stunde

- Ankommen
- Hinführung zum Stundenthema (z. B. durch eine Geschichte)
- Übungsphase
- Reflexionsphase („Was hast du heute gelernt? Wie hast du dich gefühlt?“)
- Abschlussspiel

Weiterführende Hinweise

- *Berg, A./Berg, J.*: Das große KIDO-Selbstverteidigungs-Buch für Kinder: Mit Begleitheft für Eltern und Pädagogen. Flöttmann, 2006.
- *Madsen, L./Madsen, T.*: Selbstvertrauen & Selbstbehauptung spielerisch vermitteln: Das Krav Maga Survival-Programm für Kids. pietsch, 2017.

79 Seniorenheim

Vorstellung der AG

Eine Kooperation mit einem nahe gelegenen Seniorenheim kann für Schüler und Senioren eine Win-win-Situation darstellen. Die Schüler tun etwas Gutes, indem sie die Senioren besuchen, mit ihnen Brett- oder Kartenspiele spielen oder ihnen vorlesen. Die Senioren ihrerseits können den Kindern von früher erzählen oder ihnen, falls möglich, alte Handarbeitstechniken, Fingerspiele etc. beibringen. Vermutlich ist es nicht jede Woche möglich, ins Seniorenheim zu gehen, aber vielleicht klappt dies einmal pro Monat und in der restlichen Zeit können die Kinder etwas für die Senioren basteln, ihnen Briefe schreiben oder sich mit der Zeit, in der die Senioren selbst Kinder waren, beschäftigen.

Alter

ab Klasse 3

Materialien

- je nach Stundenthema

Möglicher Ablauf einer AG-Stunde

- Besuch im Seniorenheim: gemeinsames Spielen, vorlesen etc.
- Stunden ohne Besuch: z. B. Vor- und Nachbereitung eines Besuchs (Ideensammlung für Bastelarbeiten, Basteln, Fragekatalog erstellen, Geschichten aus der Kindheit der Senioren hören etc.)

Weiterführende Hinweise

- *Mai, K. u. a.*: Wir Kinder von früher. Bilder und Geschichten aus einer anderen Zeit. Klett Kinderbuch, 2011.
- *Kaymak, N./Muhr, G.*: Spielen wie die Kinder früher: Alte Spiele für drinnen und draußen. Regionalia Verlag, 2017.
- *Pausewang, G.*: So war es, als ich klein war. Ravensburger, 2016.
- *Fischer, H.*: „Oma, wie war es früher?" Kindheit in den 50er- und 60er-Jahren. Verlag an der Ruhr, 2015.

80 Servietten-Technik

Vorstellung der AG

Mit der Servietten-Technik ist es möglich, Motive von einer Serviette (z. B. Bilder, Muster) auf einen anderen Untergrund (z. B. Holz, Metall) zu übertragen und dort zu konservieren. Dies geht sehr einfach, sodass die Servietten-Technik auch für Kinder geeignet ist. Man muss dafür lediglich eine Serviette in ihre Lagen zerlegen und die bedruckte Lage mithilfe eines speziellen Klebers auf die Unterlage kleben. Natürlich können auch nur einzelne Motive der Serviette genutzt und vorher ausgeschnitten werden. Gestaltungs-Ideen für die AG mit Serviettentechnik:

- *Schmuckdosen*
- *Tabletts*
- *Flaschen*
- *Blumentöpfe*
- *Frühstücksbrotdosen*

Alter

ab Klasse 3

Materialien

- Servietten
- Serviettenkleber
- Pinsel
- Schere
- Holz-, Metall-, Glasbecher/-dosen etc.

Möglicher Ablauf einer AG-Stunde

- Ankommen
- Vorstellung der Materialien/des Stundeninhalts
- Arbeitsphase
- Präsentation
- Aufräumen

Weiterführende Hinweise

- *Busch, M./Schmid, T.*: Serviettentechnik für Kinder. Ravensburger, 2001.

81 Snacks

Vorstellung der AG

In dieser AG stellen die Schüler gesunde, leckere und z. T. witzig aussehende Snacks her, die sie leicht zu Hause nachmachen können. Um die Kosten gering zu halten, bietet es sich an, nur jede zweite Stunde auch tatsächlich verschiedene Snacks zuzubereiten. In den anderen Stunden werden die Rezepte notiert, so kann ein individuelles, kleines Kochbuch entstehen.

Ideen für die AG:

- *Brötchen mit Gesichtern aus Paprika, Oliven, Gurken*
- *schneller Obstsalat*
- *Obst- und Gemüsespießchen*
- *Schichtdessert*

Alter

ab Klasse 3

Materialien

- je nach Stundeninhalt
- Rezeptbuch

Möglicher Ablauf einer AG-Stunde

- Theoriestunde:
  - **a)** Aufschreiben des Rezeptes
  - **b)** Sprechen über die Zutaten der jeweiligen Snacks
- Praxisstunde:
  - **a)** Vorstellung verschiedener Rezepte
  - **b)** Zubereitung in Gruppen
  - **c)** Verkostung
  - **d)** Aufräum-/Abwaschphase

Weiterführende Hinweise

- *Stepanova, I./Kabachenko, S.*: Obst, Gemüse & Sandwiches: Kreative und lustige Snacks für Kinder. Stocker, 2017.
- *Schwager & Steinlein*: Die Maus – Gesunde Snacks: Mit Ideen für Schulbrote. Schwager & Steinlein, 2013.
- *Chefkoch.de*: Fun Food: 80 Lieblingsrezepte von den Usern gewählt. Naumann & Göbel, 2017.

82 Sozialtraining

Vorstellung der AG

Diese AG kann verpflichtend für emotional auffällige Kinder, denen das konfliktfreie Zusammenleben mit anderen Schülern schwerfällt, oder frei für alle angeboten werden. Es geht hier darum, sich Empathie und Sozialkompetenzen anzueignen und im täglichen Miteinander zu implementieren.
Ideen für die AG:

- *Rollenspiele durchführen*
- *Geschichten hören/lesen*
- *Fantasiereisen unternehmen*
- *Konfliktbewältigungsstrategien kennenlernen*
- *Entspannungstechniken kennenlernen*
- *„Bitte", „Danke" und „Entschuldigung" einüben*

Alter

ab Klasse 1

Materialien

- Arbeitsblätter und weitere Materialien (s. Literaturliste)

Möglicher Ablauf einer AG-Stunde

- Ankommen
- Vorstellung des Stundeninhalts
- Arbeitsphase
- evtl. Reflexions-/Präsentationsphase (z. B. Präsentation eines Rollenspiels, Reflexionsphasen: „Wie habt ihr euch gefühlt?")
- Abschluss (z. B. Kooperationsspiel)

Weiterführende Hinweise

- *Grabe, A./Dosch, E.*: 77 Ideen – Soziales Lernen in der Grundschule: Praxisratgeber mit Spielen und Materialien. Verlag an der Ruhr, 2014.
- *Kurt, A.*: 30 x soziales Lernen für 45 Minuten – Klasse 1/2: Fertige Stunden zur Förderung der Sozialkompetenz. Verlag an der Ruhr, 2015.
- *Kurt, A.*: 30 x soziales Lernen für 45 Minuten – Klasse 3/4: Fertige Stunden zur Förderung der Sozialkompetenz. Verlag an der Ruhr, 2015.

83 Spiele drinnen und draußen

Vorstellung der AG

In dieser AG entscheidet man sich recht spontan, ob man bei Sonnenschein lieber draußen oder bei Regenwetter lieber drinnen spielt. Als Lehrer tut man gut daran, sich eine Übersicht an möglichen Spielen zu schreiben, die man in der AG immer dabeihat.

Spielideen für draußen:

- *Kreisspiele: Faules Ei, Katz und Maus, Komm mit – lauf weg*
- *Fangspiele: Baumfangen, Micky Maus-Fangen*
- *weitere Spiele: Chinesische Mauer, Fischer, welche Fahne weht heute?*
- *Verstecken*

Spielideen für drinnen:

- *Gesellschaftsspiele für Kleingruppen: Brettspiele, Kartenspiele*
- *Gruppenspiele: Menschenmemo, Abtauchen, Bingo, Quiz, „Mein rechter, rechter Platz ist frei", Obstsalat*

Alter

ab Klasse 1

Materialien

- für die meisten Spiele werden keine Materialien benötigt

Möglicher Ablauf einer AG-Stunde

- Ankommen
- Auswahl der Spiele
- Spielen
- evtl. Abschlussritual

Weiterführende Hinweise

- *Stehen, U.*: Kinderspiele: Tolle Ideen für drinnen und draußen für Kinder von 4–10 Jahren. Bassermann, 2012.
- *Muhr, G./Kaymak, N.*: Spielen wie die Kinder früher: Alte Spiele für drinnen und draußen. Regionalia Verlag, 2017.

84 Spiele herstellen

Vorstellung der AG

Diese AG verfolgt mehrere Ziele: Die Schüler sollen neue Spielanregungen erhalten und mit anderen zusammenspielen. Außerdem sollen sie Ideen dafür bekommen, wie man mit einfachen Materialien selbst Spiele herstellen kann. Im besten Fall erfinden die Schüler zu Hause weitere Spiele und spielen die in der AG hergestellten Spiele mit ihrer Familie. Ideen für selbst hergestellte Spiele:

- *Angelspiel mit Magneten*
- *Murmelparcours*
- *Kartenspiele (Schwarzer Peter, Memory) mit eigenen Themen*
- *Indiaca mit selbst gebasteltem Spielgerät*

Alter

ab Klasse 3

Materialien

- vom Stundeninhalt abhängig

Möglicher Ablauf einer AG-Stunde

- Ankommen
- Vorstellung des Stundeninhalts (Spiel, Spielregeln, Bastelanleitung)
- Arbeitsphase
- Spielphase
- evtl. Aufräumen

Weiterführende Hinweise

- *Lang, I.*: Spiele selbst basteln: 35 Ideen von Kindern für Kinder. Knaur Kreativ, 2008.
- *Hauck, E.*: Carrom, Kreisel, Murmelbrücke: Kinderspiele aus aller Welt zum Selbermachen. Haupt Verlag, 2014.
- *collectif*: Spielen mit Freunden (Basteln für Kinder). Schwager & Steinlein, 2005.

85 Spiele ohne Sieger

Vorstellung der AG

Nicht alle Kinder haben Spaß daran, sich im Wettkampf mit anderen zu messen und gegebenenfalls immer wieder zu verlieren. Spielen würden sie trotzdem gern. In dieser AG sollen Kinder lernen, dass es auch Spiele gibt, bei denen am Ende nicht ein großartiger Gewinner und ein deprimierter Verlierer einander gegenüberstehen. Hier geht es um reinen Spielspaß und um Kooperation miteinander. Ideen für die AG:

- *Kreisspiele (Stille Post, Flüsterpost)*
- *in Kleingruppen oder paarweise kleine und größere Puzzles legen*
- *miteinander etwas bauen (z. B. aus Lego) und Rollenspiele damit durchführen*
- *Puppentheater oder Theater/Rollenspiel miteinander spielen*

Alter

ab Klasse 1

Materialien

- abhängig vom Stundeninhalt

Möglicher Ablauf einer AG-Stunde

- Ankommen
- Vorstellung der Spiele
- Spielphase
- evtl. Aufräumen
- Abschlussspiel (Wiederholen von Spielen auf Wunsch der Kinder)

Weiterführende Hinweise

- *Sibler, H./Riemer, C./Kuhn, M./Erni, C.*: Spiele ohne Sieger. Ravensburger Buchverlag, 1990.
- weitere Tipps und Spielvorschläge gibt es im Internet (Suchwörter: Spiele ohne Verlierer, kooperative Spiele)

86 Sport (allgemein)

Vorstellung der AG

In dieser AG sind alle Möglichkeiten offen. Die Schüler müssen sich nicht auf eine Sportart festlegen, der Lehrer nicht begrenzen. Es geht hier weniger darum, zu trainieren und spezielle Fähigkeiten zu erweitern. Hier stehen Bewegung und Spaß, frei von Notendruck, im Vordergrund. Es ist sinnvoll, zwischen vorgegebenen Inhalten und Vorschlägen der Schüler abzuwechseln.
Ideen für die AG:

- *Lieblingsspiele der Schüler spielen*
- *besondere Geräte ausprobieren (großes Trampolin, Kletterstangen, Taue)*
- *Bewegungslandschaften aufbauen*
- *Trendsportarten ausprobieren (Rope Skipping, Parkour)*

Alter

ab Klasse 1

Materialien

- abhängig vom Stundeninhalt
- möglichst Turnhallenzugang

Möglicher Ablauf einer AG-Stunde

- Ankommen
- Aufwärmen
- Vorstellung des Stundeninhalts
- Sportphase (inkl. Auf- und Abbau)
- Abschlussspiel/Cool down

Weiterführende Hinweise

- *Buschmann, B.*: Neue Sportarten für die Grundschule – Praktische Unterrichtsreihen zu Sport Stacking, Crossboule, Discgolf, Le Parkour und Waveboarden (1. bis 4. Klasse). Persen, 2014.
- *Kordelle-Elfner, K./Saggau, S.*: 77 kleine Spiele für den Sportunterricht: Koordinative und konditionelle Fähigkeiten gezielt fördern. Persen, 2017.
- *Neubauer, F.*: 30 x Sport für 45 Minuten – Klasse 3/4: Sportstunden fix und fertig vorbereitet. Verlag an der Ruhr, 2011.

87 Sport Stacking

Vorstellung der AG

Sport Stacking ist eine Trendsportart, bei der zwölf Becher möglichst schnell zu einer bestimmten Pyramidenform gestapelt und wieder abgebaut werden. Das Ziel besteht darin, möglichst schnell und fehlerfrei zu sein. Oft wird auch von Speed Stacking (Schnellstapeln) gesprochen.
Alternativ oder als Abwechslung zwischendurch kann man aktuelle Challenges wie die Bottle-flip-Challenge durchführen, bei der es darum geht, eine Flasche so zu werfen, dass sie nach dem Wurf wieder aufrechtsteht.
Auf Youtube finden Sie zu diesen Themen viele spannende Videos, die Sie zwischendurch mit Ihren Schülern zur Motivation schauen könnten.

Alter

ab Klasse 3

Materialien

- Stacking Sets (mindestens pro Kleingruppe ein Set), Stoppuhr

Möglicher Ablauf einer AG-Stunde

- Ankommen
- Vorstellung des Stundeninhalts (z. B. Stacking-Reihenfolge, u. U. unterstützt durch ein YouTube-Video)
- Übungsphase
- Mini-Wettbewerb
- Aufräumen
- Abschluss

Weiterführende Hinweise

- *Buschmann, B.*: Neue Sportarten für die Grundschule: Praktische Unterrichtsreihen zu Sport Stacking, Crossboule, Discgolf, Le Parkour und Waveboarden. Persen, 2014.

88 Streitschlichter

Vorstellung der AG

Eine Streitschlichter-AG gibt es an vielen Schulen. Und dies nicht ohne Grund, denn die ausgebildeten Streitschlichter werden in den Pausen eingesetzt, um Konflikte unter Schülern lösen zu helfen. Sie geben ihr Wissen an andere als Multiplikatoren weiter und helfen, das Sozialleben zu verbessern und zu stärken.

Alter

ab Klasse 3

Materialien

- Kopiervorlagen als Arbeitmaterialien (s. Literaturliste)

Möglicher Ablauf einer AG-Stunde

- Ankommen
- Vorstellung des Stundeninhalts
- Arbeitsphase
- evtl. Reflexions-/Präsentationsphase
- Abschluss

Weiterführende Hinweise

- *Götzinger, M./Kirsch, D.*: Grundschulkinder werden Streitschlichter: Ein Ausbildungsprogramm mit vielen Kopiervorlagen. Verlag an der Ruhr, 2004.
- *Jefferys-Duden, K.*: Das Streitschlichter-Programm: Mediatorenausbildung für Schülerinnen und Schüler der Klassen 3 bis 6. Beltz, 2008.

89 Tanzen (allgemein)

Vorstellung der AG

Tanzen zu fetziger oder ruhiger Musik macht Spaß, fördert die ästhetisch-künstlerische Bewegungsfähigkeit und das Rhythmusgefühl, verlangt Abstimmung mit anderen und Konzentration und hilft, das Selbstbewusstsein zu entwickeln und zu stärken. Ideen für die AG:

- *verschiedene Tanzstile ausprobieren: Hip Hop, deutsche und internationale Volkstänze, Line Dance, Square Dance, Break Dance-Elemente, Ausdruckstanz*
- *eigene Kombinationen ausprobieren und sich selbst im Tanz ausdrücken*

Alter

ab Klasse 3

Materialien

- Musik
- ein Turnhallen-Zugang ist nicht zwingend notwendig

Möglicher Ablauf einer AG-Stunde

- Ankommen
- Aufwärmen
- Vorstellung des Stundeninhalts (z. B. neue Tanzschritte/neue Schrittfolge, ein neuer Tanz)
- Übungsphase
- Präsentationsphase
- Abschluss (z. B. freies Tanzen oder Wiederholen besonders beliebter Tänze)

Weiterführende Hinweise

- *Eisenhofer, D.*: Tanzen im Sportunterricht – einfach & anschaulich: Unterrichtsbeispiele – Bildkarten – Anleitungen auf DVD. Persen, 2017.
- *Gulden, E./Scheer, B.*: Tanzen mit Grundschulkindern: Mit Audio-CD. Limpert, 2016.
- *Ederle, W.*: Das Grundschultanzbuch (Buch inkl. CD): Tänze anleiten und vermitteln leicht gemacht. Fidula, 2010.

90 Teamplayer

Vorstellung der AG

In dieser AG geht es darum, ein Ziel zu erreichen, was nur gelingen kann, wenn die Mitglieder einer Gruppe sich absprechen und zusammenarbeiten. Wichtig ist es, dass die Gruppen immer wieder neu gemischt werden. Es geht zwar, vordergründig betrachtet, um einen Wettbewerb, das eigentliche Ziel besteht aber in der Entwicklung der Kooperationsfähigkeit. Bei der Auswahl der Aufgaben sollte man daher auch darauf achten, dass jeder Teilnehmer seine Stärken beim Lösen von Aufgaben einbringen kann. Beispiele:

- *Chaos-Spiel*
- *Knobelaufgaben, bei denen jeder Teilnehmer einen zur Lösung notwendigen Hinweis erhält (z. B. aufgeteilte Schatzkarte)*
- *Arbeitsaufgabe: jeder Teilnehmer erhält ein Werkzeug, ohne das die Aufgabe nicht bewältigt werden kann*
- *Puzzle*

Alter

ab Klasse 3

Materialien

- abhängig vom jeweiligen Stundeninhalt

Möglicher Ablauf einer AG-Stunde

- Ankommen
- Vorstellung des Stundeninhalts (Problem/Aufgabe, Ausgeben des Arbeitsauftrags und der Materialien/Werkzeuge)
- Problemlösephase
- Präsentationsphase
- Abschluss (z. B. Quiz, das die Gruppen gegeneinander spielen)

Weiterführende Hinweise

- *Lange, H./Stüer, T.*: Spiele für die Gruppe: 100 Stationskarten zur erfolgreichen Teambildung. Limpert, 2011.
- *Stockert, N.*: Die 50 besten Kooperationsspiele. Don Bosco, 2013.

91 Tennis

Vorstellung der AG

Für diese AG bietet sich eine Kooperation mit einem örtlichen Verein an. Ist dies nicht möglich, bieten die unten genannten Literaturtipps Hilfestellung. Ziel der AG ist es, den Schülern die Sportart Tennis nahezubringen. Auch andere Rückschlagspiele (Tischtennis, Badminton) können ausprobiert und bei Interesse vertieft werden.

Alter

ab Klasse 3

Materialien

- Tennisausrüstung (Schläger, Bälle), Materialien zur Spielfeldbegrenzung
- Turnhallenzugang bzw. Zugang zum Tennisplatz/Tennishalle des örtlichen Tennisvereins

Möglicher Ablauf einer AG-Stunde

- Ankommen
- Aufwärmen
- Vorstellung des Stundeninhalts (Übungsaufgabe)
- Übungsphase
- Abschluss (Matches)

Weiterführende Hinweise

- *Wagner, H.*: Champions mit Schlägern und Bällen: Tennis, Badminton, Squash und andere Rückschlagspiele in der Schule (1. bis 4. Klasse). Auer, 2005.
- *Weyers, N./Müller, M./Lemke, D.*: Rückschlagspiele: Badminton – Tennis – Tischtennis. Handreichungen für Schulen der Primarstufe und Sekundarstufe. Meyer & Meyer, 2014.

92 Theater

Vorstellung der AG

Eine Theater-AG hat fast jede Schule. Obwohl der Aufwand mit der Auswahl der Texte, den Proben, dem Erstellen von Requisiten und Kostümen, dem Finden passender Musik sowie technischen Herausforderungen sehr hoch ist, ist diese AG bei Kindern sehr beliebt. Die Ergebnisse, die bei Schulfesten oder Schülerversammlungen gezeigt werden, sind meist recht erfolgreich, sodass sich der Aufwand in jedem Fall lohnt. Hinzu kommt, dass die Schüler lernen, frei und deutlich zu sprechen, ihre Emotionen einzubringen und sich vor anderen zu präsentieren. Tipps gegen Lampenfieber können auf andere Situationen in der Schule (Klassenarbeiten, Präsentationen) und im Alltag übertragen werden. In den einzelnen AG-Stunden können neben dem Proben des jeweiligen Theaterstücks auch Phasen des freien Rollenspiels innerhalb des Warm-ups stattfinden, in denen die Schüler ihrer Fantasie freien Lauf lassen können.

Alter

ab Klasse 1

Materialien

- Rollentexte
- Requisiten
- Kostüme
- Musik
- etc.

Möglicher Ablauf einer AG-Stunde

- Ankommen und Warm-up
- Probe gemeinsam oder in Gruppen/Erstellen von Requisiten
- Präsentations- und Reflexionsphase („Was lief schon gut und kann so bleiben? Was muss noch geändert werden?“)
- Abschluss

Weiterführende Hinweise

- *Grabe, A./Mucha, A.*: Von Schulanfang bis Abschiedsfeier: Schöne Theaterstücke mit wenig Aufwand. Verlag an der Ruhr, 2007.
- *Albrecht-Schaffer, A.*: Theaterwerkstatt für Kinder: 100 und eine Idee rund ums Theaterspielen. Don Bosco, 2008.
- *Winkler, A.*: Theater spielen in der Grundschule. Hase und Igel, 2015.

93 Tiere

Vorstellung der AG

Die Bandbreite der möglichen Themen und Umsetzungen ist groß und abhängig von den Gegebenheiten vor Ort. Ideen für die AG:

- *Tiersteckbriefe/-plakate erstellen*
- *sich um Schultiere kümmern (Schildkröten, Fische)*
- *ein Tierheim oder eine Zoohandlung besuchen*
- *Tiere auf der Wiese mit der Becherlupe beobachten*
- *Wissenswertes über Tiere erfahren (Tierrekorde, Haltung von Tieren, Nutztiere, Tiergattungen, Pflege von Haustieren etc.)*
- *Tiermemo spielen oder selbst herstellen*
- *mit Tierschutzbund und/oder NABU kooperieren*
- *Insektenhotels und Nistkästen bauen*
- *Stunde der Singvögel: Vögel beobachten und zählen*

Alter

ab Klasse 1

Materialien

- verschiedene Sachbücher über Tiere
- Filme
- Arbeitsblätter
- evtl. Becherlupen zum Beobachten von Wiesentieren
- Tiere und deren Behausungen, Futter etc.

Möglicher Ablauf einer AG-Stunde

- Ankommen
- Vorstellung des Stundeninhalts
- Arbeitsphase
- Präsentations-/Reflexionsphase („Was habt ihr heute gemacht/ gelernt? Wie soll es weitergehen?“)
- Abschluss (z. B. Tierquiz)

Weiterführende Hinweise

- *Levin, R. u. a.*: Kühe anstarren verboten! Von Alligator bis Zecke: Wie man sich bei Begegnungen mit Tieren richtig verhält. Malik, 2018.
- *Oftring, B.*: Das große Tierquiz: 650 spannende Fragen. Kosmos, 2011.

94 Tischtennis

Vorstellung der AG

An vielen Grundschulen gibt es eine Tischtennisplatte. Die Kinder spielen mit Begeisterung in den Pausen Tischtennis, kennen aber oftmals weder die Regeln noch Tricks, wie sie besser punkten können. In der Tischtennis-AG wird auf spielerische Weise an diese Sportart herangeführt. Ein Preisturnier kann das Ziel und der Abschluss der AG sein.

Alter

ab Klasse 3

Materialien

- Tischtennisschläger
- Tischtennisbälle
- mindestens eine Tischtennisplatte

Möglicher Ablauf einer AG-Stunde

- Ankommen
- Vorstellung des Stundeninhalts (Trick/Übung)
- Übungsphase
- Spielphase (als Abschluss z. B. Rundlauf)
- Aufräumen
- Abschluss

Weiterführende Hinweise

- *Barth, K./Simon, E.*: Ich trainiere Tischtennis. Meyer & Meyer, 2014.
- *Barth, K./Simon, E.*: Ich lerne Tischtennis. Meyer & Meyer, 2013.
- *Wagner, H.*: Champions mit Schlägern und Bällen: Tennis, Badminton, Squash und andere Rückschlagspiele in der Schule (1. bis 4. Klasse). Auer, 2005.
- *Weyers, N./Müller, M./Lemke, D.*: Rückschlagspiele: Badminton – Tennis – Tischtennis. Handreichungen für Schulen der Primarstufe und Sekundarstufe. Meyer & Meyer, 2014.

95 Trampolin

Vorstellung der AG

Nahezu alle Kinder sind begeistert, wenn der Lehrer im Sportunterricht das kleine oder große Trampolin hervorholt. In dieser AG sollen die Schüler Kunststücke (z. B. Salto, Strecksprung) auf dem Trampolin erlernen, die sie z. B. an einem Schulfest oder bei einer Schülerversammlung präsentieren.

Alter

ab Klasse 1

Materialien

- Turnhallenzugang: Trampolin und Matten

Möglicher Ablauf einer AG-Stunde

- Ankommen
- Aufbau
- Vorstellung des Stundeninhalts (Übung)
- Übungsphase
- freie Phase/Präsentationsphase
- Abbau
- Abschluss

Weiterführende Hinweise

- *Schmidt-Sinns, J.*: Minitrampolin: Mit Sicherheit zu Höhenflügen. Pohl Verlag, 2012.
- *Richter, H./Krause, W.*: Trampolin Turnen: Grundlagen – Methodik – Technik. Sportverlag Strauß, 2010.
- *Meyer, M./Christlieb, D.*: Trampolin: Schwerelosigkeit leicht gemacht (Wo Sport Spaß macht). Meyer & Meyer, 2009.

96 Trickfilm

Vorstellung der AG

In der Trickfilm-AG lernen die Kinder, eigene Trickfilme zu gestalten. Die Trickfilme können anschließend auf einer Schülerversammlung, einem Schulfest oder einem „Trickfilmfest" (evtl. mit Prämierung des besten Trickfilms) dem Publikum vorgestellt werden. Ideen für die AG:

- *verschiedene Trickfilme ansehen (z. B. von Walt Disney, YouTube)*
- *Trickfilmvarianten kennenlernen (z. B. Stop-Motion-Film mit Knetfiguren und/oder Playmobilfiguren)*
- *ein eigenes Projekt auswählen, planen, durchführen (Aufnahme z. B. mit einem Handy, Tablet oder einer Digitalkamera)*
- *Einladungen (Flyer, Plakate) zum Trickfilmfestival entwerfen und verteilen*
- *ein Trickfilmfestival planen und durchführen (Moderation, Programm etc.)*

Alter

ab Klasse 3

Materialien

- Kameras (z. B. Smartphone, Digitalkamera, Tablet)
- Computer
- weitere Materialien sind abhängig vom Stundeninhalt

Möglicher Ablauf einer AG-Stunde

- Ankommen
- Vorstellung des Stundeninhalts
- Arbeitsphase allein oder in Kleingruppen
- Präsentation der Arbeitsergebnisse/Zwischenreflexion
- Abschluss

Weiterführende Hinweise

- *Römmelt, C.*: Kinder gestalten Trickfilm-Geschichten. kopaed, 2016.
- *Otto, C.*: Trickfilme mit der Digitalkamera (3.–6. Klasse). BVK, 2014.
- *Pagano, D.*: LEGO-Filme selbst drehen: Stop-Motion-Technik lernen und gekonnt einsetzen. dpunkt, 2016.
- *Trickfilmwerkstatt*: So drehst du Animationsfilme mit Handy oder Digitalkameras. Dorling Kindersley, 2013.

97 Tue etwas Gutes!

Vorstellung der AG

Für diese AG-Idee gibt es keine Vorlage, da sie ganz individuell auf die Fähigkeiten und Ideen und die Situation der Schüler vor Ort abgestimmt werden muss. Die Schüler sollten bei der Ideenfindung auf jeden Fall einbezogen werden. Ziel der AG ist es, sich sozial zu engagieren und die eigenen Fähigkeiten zu stärken. Ideen für die AG:

- *Waldputzaktion*
- *Kooperation mit Kindergärten: Vorlesestunde*
- *Patenschaft für Erstklässler oder neu zugezogene Schüler*
- *Lernpatenschaften (leistungsstarke Schüler unterstützen leistungsschwache Schüler)*
- *Nachbarschaftshilfe (Schüler unterstützen Nachbarn der Schule)*
- *Spendenaktionen für internationale Hilfsprojekte*
- *Spendensammlung für Flüchtlinge (z. B. Kleidung, Spielzeug)*
- *Kooperation mit dem Seniorenheim, dem Tierheim oder der Tafel*
- *Aktionen zur gesunden Ernährung und zu bewegten Pausen durchführen*

Alter

ab Klasse 3

Materialien

- abhängig vom Stundeninhalt

Möglicher Ablauf einer AG-Stunde

- Ankommen
- Vorstellung des Stundeninhalts
- Erarbeitung allein oder in Kleingruppen, je nach Stundeninhalt
- Präsentation
- Abschluss

Weiterführende Hinweise

- *Schilling, D.*: Soziales Lernen in der Grundschule: 50 Übungen, Aktivitäten, Spiele. BVK, 2000.

98 Unser Dorf/Unsere Stadt

Vorstellung der AG

In dieser AG dreht sich alles um den eigenen Schulort, also den Ort/die Stadt, in dem/der die Schule steht. Ideen für die AG:

- *die Geschichte des Ortes erkunden*
- *besondere Menschen des Ortes (aus der Vergangenheit oder Gegenwart) kennenlernen*
- *Was bedeuten die Straßennamen in unserem Ort?*
- *Welche Institutionen/Einrichtungen/Vereine gibt es bei uns?*
- *Erkundungsgänge, Stadtrallyes durchführen*
- *einen Stadtführer von Kindern für Kinder zusammenstellen*
- *Informationen über Partnerstädte recherchieren, Briefwechsel mit Schulen in den Partnerstädten aufnehmen*

Alter

ab Klasse 3

Materialien

- abhängig vom Stundeninhalt

Möglicher Ablauf einer AG-Stunde

- Ankommen
- Vorstellung des Stundeninhalts
- Arbeitsphase
- Präsentationsphase („Was habt ihr heute gelernt? Wie machen wir nächstes Mal weiter? Was brauchen wir dafür?“)
- evtl. Aufräumen
- Abschluss

Weiterführende Hinweise

- Informationen finden Sie auf der örtlichen Homepage und in Informationsbroschüren, die sie im Touristenbüro Ihres Ortes erhalten

99 Upcycling

Vorstellung der AG

Recycling ist uns allen seit vielen Jahren bekannt: Aus Altem wird Neues hergestellt. Upcycling dagegen meint, dass aus Altem (nicht mehr Brauchbarem, scheinbar Nutzlosem) etwas Neues hergestellt wird. Selbst aus den einfachsten Gegenständen lässt sich etwas Schönes und Nützliches gestalten.

Ideen für die AG:

- *Autos aus Tetrapaks*
- *Patchwork-Taschen aus Plastiktüten*
- *Ordnungsboxen aus Verpackungen*

Alter

ab Klasse 1

Materialien

- abhängig vom Stundeninhalt

Möglicher Ablauf einer AG-Stunde

- Ankommen
- Vorstellung des Stundeninhalts (Upcycling-Werkstück, Upcycling-Idee)
- Arbeitsphase
- Aufräumen
- Abschluss

Weiterführende Hinweise

- *Renzler, C.*: Das Upcycling-Buch für Kinder. Topp, 2014.
- *Klink, G.*: 66 Bastelaufgaben mit Recycling-Material: Kreatives Gestalten mit alten Dosen, PET-Verpackungen und Co. (1. bis 4. Klasse). Persen, 2015.
- *Wagner, L.*: Kinderwerkstatt Recycling-Kunst: Vom Milchtütenauto zum Keksdosenfilm. AT Verlag, 2011.
- *Brockers, S.*: Upcycling – Aus wertlos wird wertvoll! 25 einzigARTige Projekte mit Alltagsmaterialien. Verlag an der Ruhr, 2016.

100 Video

Vorstellung der AG

In dieser AG lernen die Schüler, mit Kameras in Form von Handys, Tablets oder Digitalkameras umzugehen, Videos aufzunehmen und zu bearbeiten.
Ideen für die AG:

- *Erstellen von YouTube-Videos*
- *Erstellen eines ganzen Films (z. B. ein Theaterstück oder ein Film auf der Grundlage eines gemeinsam gelesenen Kinderbuchs)*
- *Erstellen von kurzen Trickfilmen*
- *Überblick über die Entstehung der „laufenden Bilder" (von den Brüdern Lumière über Walt Disney und Charlie Chaplin bis zu YouTube und Netflix)*
- *Überblick über unterschiedliche Filmformate*
- *kennenlernen von Bearbeitungsprogrammen*

Alter

an Klasse 3

Materialien

- abhängig vom Stundeninhalt
- Aufnahmegeräte (Handy, Tablet, Digitalkamera)

Möglicher Ablauf einer AG-Stunde

- Ankommen
- Vorstellung des Stundeninhalts
- Arbeitsphase (z. T. Gruppenarbeit)
- Präsentation der Arbeitsergebnisse
- Abschluss (z. B. gemeinsames Anschauen eines Videos)

Weiterführende Hinweise

- *Grabham, T.*: Coole Videos drehen: Von der Idee zum YouTube-Hit. Dorling Kindersley, 2018.
- *Blofield, R.*: Film ab! In 10 Schritten zum eigenen Film. Dorling Kindersley, 2016.

101 Wald und Wiese

Vorstellung der AG

In dieser AG geht es darum, die Natur um die Schule herum oder in der unmittelbaren Nähe genauer kennenzulernen. Ideen für die AG:

- *Lerngang zur Wiese oder in den Wald durchführen*
- *Tierbeobachtungen mit Becherlupe und Tierbestimmungsbuch durchführen*
- *Wiesenpflanzen pressen und ein Herbarium anlegen*
- *Insektenhotels bauen*
- *einen Förster begleiten*
- *Bäume und ihre Früchte kennenlernen, Spiele mit Baumfrüchten entwickeln und spielen*
- *Frottage mit Grashalmen und Blättern gestalten*

Alter

ab Klasse 1

Materialien

- abhängig vom Stundeninhalt
- Zugang zu einer Wiese oder einem Wald

Möglicher Ablauf einer AG-Stunde

- Ankommen
- Vorstellung des Stundeninhalts
- Arbeitsphase (je nach Inhalt der jeweiligen Stunde)
- Aufräumen (wenn nötig)
- Abschluss (z. B. Quiz zu Waldtieren oder Blättern)

Weiterführende Hinweise

- *Oftrin, B.*: Wald und Wiese: Das Natur-Mitmachbuch für Kinder. Haupt, 2014.
- *Danks, F./Schofield, J.*: Buden bauen: 50 Ideen für Wiese, Wald und Strand. Coppenrath, 2017.

102 Weltreise

Vorstellung der AG

Zu Beginn der AG-Zeit wird mit den Kindern eine Weltreise-Route festgelegt und diese auf einer Weltkarte mithilfe von Stecknadeln und Fäden visualisiert. Für einen bestimmten Zeitraum (eine oder mehrere AG-Stunden/einen Monat) „reist" die AG in dieses Land und erfährt Interessantes über das Leben der Menschen dort. Gemeinsames Arbeiten zu einem Thema bietet sich genauso an wie Arbeit an Stationen oder ein Gruppenpuzzle.

Ideen für die AG:

- *Geschichten aus dem Land oder über das Leben der Menschen dort hören (auch Bilderbücher)*
- *Spiele aus den Ländern spielen*
- *Bastelarbeiten, Speisen herstellen und kosten*
- *Lieder in anderen Sprachen singen*
- *Filme/Videos ansehen*

Alter

ab Klasse 3

Materialien

- Bücher, Filme, Videos, Spiele, Bilder, Geschichten, Speisen

Möglicher Ablauf einer AG-Stunde

- Ankommen
- Vorstellung des Stundeninhalts
- Arbeitsphase
- evtl. Reflexions-/Präsentationsphase
- Abschluss

Weiterführende Hinweise

- *Hauck, E.*: Trommel, Drache, Bumerang. Haupt, 2013.
- *Jung, M.*: Kita aktiv: Reise um die Welt. BVK, 2011.
- *Steffe, S.*: Mit 80 Kindern um die Welt: So leben Kinder anderswo: bunte Geschichten, Lieder, Spielaktionen. Ökotopia, 2013.
- *Höfele, H.*: In 80 Tönen um die Welt. CD: Kinderlieder und Tänze aus aller Welt in Deutsch und Originalsprachen gesungen. Ökotopia, 2000.

103 Werken (allgemein)

Vorstellung der AG

In der Werken-AG kann die ganze Bandbreite der Themen des Fachs Werken und weitere ansprechende Themen umgesetzt werden. Es ist sinnvoll, den Schülern Angebote zu machen, sie aber auch in die Auswahl der Inhalte einzubeziehen. Bei vielen Werkstücken muss über einen längeren Zeitraum gearbeitet werden, sodass man überlegen sollte, welche Projekte innerhalb eines Halbjahres angegangen werden können. Ideen für die AG:

- *Kork-Tiere*
- *Holzautos, Holzkisten*
- *Figuren-Ensemble aus Draht*
- *Skulpturen aus Ytong-Steinen*

Alter

ab Klasse 3

Materialien

- abhängig vom Stundeninhalt

Möglicher Ablauf einer AG-Stunde

- Ankommen
- Vorstellung des Stundeninhalts (Werkstücks)
- Arbeitsphase
- Präsentationsphase/Zwischenstand
- Aufräumen
- Abschluss (z. B. Quiz)

Weiterführende Hinweise

- *Haak, G.*: Werken leicht gemacht: Praxiserprobte Anleitungen und Vorlagen für Werkstücke aus verschiedenen Materialien (1. bis 4. Klasse). Persen, 2016.
- *Wierz, J.*: 20 x Werken für 90 Minuten – Klasse 3/4: Kurze Projekte für schnelle Erfolge. Verlag an der Ruhr, 2014.
- *Henning, C./Spellner, C.*: Werken an Stationen 3–4: Handlungsorientierte Materialien zu den Kernthemen der Klassen 3 und 4. Auer, 2014.

104 Wetterforscher

Vorstellung der AG

Das Wetter ist Teil des Alltags und hat unmittelbare Auswirkungen auf das Leben der Menschen. Wetter kann beobachtet und mithilfe von Bauernregeln z. T. auch heute noch vorhergesagt werden. In der Wetter-AG geht es aber nicht nur um das tägliche Wetter vor Ort, sondern auch darum, globale Zusammenhänge zu verstehen (z. B. Auswirkungen der Klimaerwärmung) und für den Klimaschutz zu sensibilisieren. Ideen für die AG:

- *Wetter-Geräusche-Bingo spielen*
- *Gewittermassage durchführen*
- *Wettertagebuch führen und auswerten*
- *Wetterbeobachtungsinstrumente bauen (Windmesser)*
- *Experimente zum Thema Wetter durchführen (z. B. die Entstehung eines Tornados in zwei Flaschen nachvollziehen)*

Alter

ab Klasse 3

Materialien

- abhängig vom Stundenthema

Möglicher Ablauf einer AG-Stunde

- Ankommen
- Vorstellung des Stundeninhalts
- Arbeitsphase
- Aufräumen
- Abschluss (z. B. Quiz)

Weiterführende Hinweise

- *Neumann, A./Neumann, B.*: Wetterfühlungen: Das ganze Jahr das Wetter mit allen Sinnen erleben. Ökotopia, 2015.
- *Schub, C.*: Wetter: Differenzierte Materialien für den inklusiven Sachunterricht (2. bis 4. Klasse). Persen, 2017.
- *Mönning, P./Schwetschenau, S./Willems, K.*: Die Wetter-Werkstatt. Verlag an der Ruhr, 2002.

105 Wettkampfspiele

Vorstellung der AG

Einige ehrgeizige Kinder lieben es, sich im Wettkampf mit anderen zu messen. In dieser AG haben sie ausreichend Gelegenheit dazu – müssen aber wohl auch ab und an mit einer Niederlage fertigwerden, denn auch andere sind hoch motiviert und wollen allein oder mit ihrer Mannschaft gewinnen.

Ideen für die AG:

- *gängige Mannschaftsspiele: Völkerball, Ball über die Schnur, Laufstaffel, Fußball, Sieben-Tage-Rennen*
- *Eins-zu-Eins-Wettkämpfe: Ringkampf oder anderes aus dem Bereich „Kämpfen nach Regeln"*
- *Spiele mit einem Gewinner: Feuer – Wasser – Sturm, Chinesische Mauer, Wer hat Angst vorm weißen Hai?/Fischer, welche Fahne weht heute?*

Alter

ab Klasse 1

Materialien

- Turnhallenzugang
- abhängig vom Stundeninhalt

Möglicher Ablauf einer AG-Stunde

- Ankommen
- Vorstellung des Stundeninhalts
- evtl. Aufbau
- Spielphase
- evtl. Abbau
- Mini-Wettkampf ohne Geräte

Weiterführende Hinweise

- *Scherer, H.*: Übungen und Wettkämpfe mit Alltagsmaterialien. Hofmann-Verlag, 2008.
- *Madinger, J.*: Spielen im Sport mit Spaß: Wettkampfspiele in der Sporthalle mit und ohne Ball. DV Concept, 2013.

106 Wollwerkstatt

Vorstellung der AG

Wolle ist bei dieser AG in einem umfassenden Sinn zu verstehen – man könnte auch von „Faden-Werkstatt" sprechen. Die Schüler lernen verschiedene Techniken kennen, die mit Wollfäden, Stick- und Häkelgarnen ausgeführt werden können. Sie flechten, nähen, weben, sticken, knüpfen, häkeln, stricken.

Ideen für die AG:

- *Pompontiere*
- *Häkeltaschen*
- *Stricken mit der Strickliesel*
- *Freundschaftsbänder knüpfen*
- *Arbeiten mit Märchenwolle*
- *Bilder mit Fäden legen*
- *Webteppich*

Alter

ab Klasse 3

Materialien

- Wolle, Garne in unterschiedlichen Stärken und Farben
- Nadeln (Nähnadeln, Sticknadeln, Strickliesel, Häkelnadeln)
- Pappen/Tonpapier
- Anleitungen, Schere, Klebstoff, Stecknadeln etc.

Möglicher Ablauf einer AG-Stunde

- Ankommen
- Vorstellung des Stundeninhalts
- Arbeitsphase
- Präsentationsphase (Museumsgang)
- Abschluss

Weiterführende Hinweise

- *Bollenhagen, B.*: Gestalten mit Stoff und Wolle. Auer, 2018.
- *Dhon, C.*: Fadenspiele: Mit Freude Hände und Gehirn trainieren. Freies Geistesleben, 2015.
- *Maibaum, S.*: Mit Fäden und Fingern: Einfache Textiltechniken – Schritt für Schritt. Verlag an der Ruhr, 2008.

107 Youtube

Vorstellung der AG

Das Internet übt eine große Faszination auf Kinder aus. Youtube-Videos sehen sich schon die Kleinsten an. Wer träumt da nicht davon, selbst ein Youtuber zu werden und seine Videos zu präsentieren? Aus Datenschutzgründen und um die teilnehmenden Schüler zu schützen, ist es nicht sinnvoll, die Schülervideos tatsächlich auf YouTube zu veröffentlichen. Mit dem Einverständnis der Eltern können aber Videos auf CD gebrannt und den Schülern mitgegeben werden oder auf Schülerversammlungen allen Schülern präsentiert werden.
Ideen für die AG:

- *YouTube kennenlernen (Funktionen, Kategorien, Vorzüge und Schwächen, Gefahren, Verbote/Jugendschutz)*
- *gemeinsames Anschauen bestimmter YouTube-Videos*
- *Planen, Erstellen eigener Video-Sequenzen verschiedener Kategorien (Vlog, Tutorial etc.)*

Alter

ab Klasse 3

Materialien

- Computerzugang
- technische Geräte, wie Kamera und Mikrofon (z. B. von einem Handy oder Tablet)

Möglicher Ablauf einer AG-Stunde

- Ankommen
- Vorstellung des Stundeninhalts
- Arbeitsphase (evtl. in Kleingruppen)
- Präsentation der Arbeitsergebnisse
- Abschluss

Weiterführende Hinweise

- *Willoghbuy, N.*: Youtube-Videos selber machen für Dummies junior. Wiley-VCH, 2018.

108 Zaubern

Vorstellung der AG

Magie und Zauberei faszinieren Groß und Klein. Man fragt sich, wie ein Zaubertrick funktioniert, und ist sich nicht ganz sicher, ob nicht doch übernatürliche Kräfte im Spiel sind, wenn man den Zaubertrick nicht durchschaut. Stolz können die Kinder, die diese AG besuchen, am Ende ihre Fähigkeiten präsentieren und andere zum Staunen bringen. Die Zaubertricks sollten so funktionieren, dass Kinder diese auch zu Hause nachmachen können. In einer Schülerversammlung, in der Klasse oder beim Schulfest können die kleinen Zauberer ihr Können unter Beweis stellen.

Alter

ab Klasse 1

Materialien

- je nach Stundeninhalt

Möglicher Ablauf einer AG-Stunde

- Ankommen (z. B. Zaubertrick, der durch den Lehrer vorgeführt wird – Schüler äußern Vermutungen, die Auflösung erfolgt am Ende der Stunde)
- Vorstellung des Stundeninhalts
- Übungsphase (alle können denselben Trick lernen oder es kann an Stationen gearbeitet werden)
- Präsentationsphase mit Feedback
- Abschluss (Auflösung des Tricks vom Beginn der Stunde)
- evtl. Abschlussspiel

Weiterführende Hinweise

- *Dörken, K.*: Hokuspokus Simsalabim: Anleitungen zum Erlernen von über 50 faszinierenden Zaubertricks, 42 Kopiervorlagen. Auer, 2010.
- *Berger, U./Kerste, D.*: Die Zauber-Werkstatt: Spannende Experimente für verblüffende Vorstellungen (Schau, so geht das!). Velber, 2007.

109 Zeitreise

Vorstellung der AG

Im Sachunterricht wird das Leben der Menschen in früheren Zeiten angesprochen. Handlungsorientierte Arbeit erleichtert den Schülern den Zugang und macht ihnen Spaß. In dieser AG ist Zeit für mehr davon. Es gibt die Möglichkeit, sich für ein komplettes Halbjahr mit einer Epoche zu befassen oder aber mehrere Epochen kennenzulernen, zu denen Aufgaben angeboten werden, z. B. innerhalb einer mehrwöchigen Werkstatt. Ideen für die AG:

- *Musik aus der Zeit anhören*
- *sich im Stil einer bestimmten Zeit kleiden*
- *Speisen zubereiten*
- *Werkzeuge oder typische Berufe theoretisch und praktisch kennenlernen*
- *Sprache, Geschichten oder Gedichte aus der Zeit kennenlernen*
- *Leben und Werk berühmter Menschen dieser Zeit kennenlernen*

Alter

ab Klasse 3

Materialien

- je nach Stunden- bzw. Einheitsthema

Möglicher Ablauf einer AG-Stunde

- Ankommen (z. B. Ritual, bei dem Musik aus der jeweiligen Zeit abgespielt wird)
- Vorstellung des Stundeninhalts
- Arbeitsphase (individuelle Auseinandersetzung, individuelle Wahl)
- Präsentations- und Reflexionsphase
- Abschlussritual (z. B. Vorlesen eines Kapitels aus einem Buch, das in dieser Zeit spielt – z. B. „Die Zeitdetektive“ von Fabian Lenk)

Weiterführende Hinweise

- *Brandenburg, B.*: So war es im Mittelalter: Eine Werkstatt. Verlag an der Ruhr, 2004.
- *Rosenwald, G.*: Steinzeit an Stationen: Selbständiges Lernen in der Grundschule. Kohl Verlag, 2017.
- *Hanneforth, A.*: Lernwerkstatt Vergangenheit: Steinzeit – Altes Ägypten – Altes Griechenland – Mittelalter (3. und 4. Klasse). Persen, 2016.

110 Ziel-Spiele

Vorstellung der AG

In dieser AG geht es darum, in einem „Spiel" ein bestimmtes Ziel zu treffen. Bekannte Varianten sind Darts, Bogenschießen, Basketball, Kegeln, Werfen auf die Schokokuss-Schleuder, Torwand- bzw. Elfmeterschießen, Wikinger-Schach, Ringe-Werfen. Aber auch neue Varianten mit selbst erfundenen Regeln können sich Lehrer und Schüler gemeinsam ausdenken (z. B. Werfen in Eimer/Reifen etc.). Der Fantasie sind keine Grenzen gesetzt. Ab und zu – sicher nicht in jeder Stunde – kann man einen Wettbewerb daraus machen. Diese AG muss nicht durchgängig in der Turnhalle angeboten werden.

Alter

ab Klasse 1

Materialien

- je nach Stundeninhalt

Möglicher Ablauf einer AG-Stunde

- Ankommen und Aufwärmen
- Vorstellung des Stundeninhalts (meist mit Aufbau)
- Übungsphase
- Aufräumen
- Abschlussspiel (evtl. Abschlusswettbewerb vor dem Aufräumen)

111 Zirkus

Vorstellung der AG

Manege frei, hier kommen Clowns, Akrobaten und Zauberer! Zu Beginn der AG können alle Schüler gemeinsam die verschiedenen „Nummern" kennenlernen. Im Anschluss daran spezialisieren sich die Kinder, indem sie sich einen Bereich aussuchen, sich mögliche Darbietungen überlegen, erlernen und festigen. Die dritte Phase beinhaltet das Zusammenstellen der Nummern zu einem Programm und das Proben. Sollte eine Zirkusvorstellung nicht während eines Schulfests oder einer Schülerversammlung stattfinden können, bietet es sich auch an, Eltern und Nachbarn der Grundschule einzuladen. Dazu müssten dann Flyer von den Kindern erstellt und verteilt werden.

Alter

ab Klasse 1

Materialien

- verschiedene Materialien für die einzelnen Bereiche

Möglicher Ablauf einer AG-Stunde

- Ankommen
- Erarbeitung oder Übungsphase
- Reflexionsphase (z. B. „Wie weit seid ihr in euren Proben heute gekommen? Was nehmt ihr euch für das nächste Mal vor?")
- Abschluss (z. B. Vorlesen eines Kinderbuches zum Thema „Zirkus")

Weiterführende Hinweise

- *Lütgeharm, R.*: Das Zirkusbuch – Alle machen mit!: Akrobatik – Jonglieren – Clownerie. Kohl Verlag, 2014.
- *Bläuer, J. T./Cadonau, L. P.*: So ein Zirkus ...: Abwechslungsreiche Materialien und Übungen bringen den Zirkus ins Klassenzimmer. Auer, 2017.
- *Zirkus Giovanni*: Die besten 50 Zirkusspiele. Don Bosco, 2017.
- *Steffe, S.*: Mini-Shows für Zirkuskinder: 12 schnell umsetzbare Zirkusprogramme für die nächste Aufführung in Kiga & Grundschule. Ökotopia, 2014.

Produktempfehlungen

Maike Grunefeld, Silke Schmolke

111 Ideen – Klassenlehrer sein in der Grundschule

Von Klassenverwaltung bis Raumgestaltung

Praxishandbuch für Lehrer an Grundschulen, alle Fächer, Klasse 1–4

120 Seiten, 17 x 24 cm, Paperback, Zusatzmaterialien zum Download
ISBN 978-3-8346-2585-4
Best.-Nr. 62585

Gerade für Grundschulkinder ist die Klassenlehrerin oder der Klassenlehrer eine prägende Person. Für Sie eine erfüllende, aber auch herausfordernde Rolle. Speziell für die Grundschule vermittelt dieser Ratgeber, was Klassenlehrer wissen müssen und in der Praxis brauchen! Fundiert, aber immer auf den Punkt liefern diese **111 Ideen** aus allen Bereichen der Klassenführung und des Classroom-Managements Berufseinsteigern und Referendaren alles Wissenswerte, um ihre Aufgaben und Pflichten als Klassenleitung ganz entspannt zu meistern. Dabei müssen Sie keinesfalls das ganze Buch durchlesen; Sie können sich stets auch nur das herauspicken, was Sie gerade interessiert: ob Anregungen zum guten Klassenklima, zur Raumgestaltung und Sitzordnung, zur Unterrichtsorganisation, zu Ritualen, zum richtigen Umgang mit Störungen und Kritik, zur gelingenden Elternarbeit und tolle Ideen für Klassenfeste. Aber auch „alte Hasen" bekommen viele frische, sinnvolle Impulse, z. B. zur Teamarbeit, zu Organisationskniffen und zur Gestaltung von Übergängen. Und mit den Zusatzmaterialien zum Download (u. a. Vorlagen, Listen, Schilder, Beobachtungsbögen) sind Sie sofort bereit für Ihre Klasse!

Sabine Herzig, Anke Lange-Wandling

111 Ideen für das 1. Schuljahr

Vom ersten Schultag bis zum letzten Buchstabenfest

Methoden- und Ideensammlung für Lehrer an Grundschulen und Förderschulen Klasse 1

243 Seiten, 16 x 23 cm, Paperback,
Zusatzmaterialien zum Download
ISBN 978-3-8346-0363-0
Best.-Nr. 60363

Nichts ist wichtiger als ein gelungener Start ins Schulleben! Die richtigen Voraussetzungen bringen die kleinen i-Dötzchen schon durch ihre Neugier und Lernfreude in die Schule mit. Aber auch das Lernumfeld selbst spielt für den Schulanfang eine wichtige Rolle. Ihnen als Lernbegleiter fällt also eine wichtige Aufgabe zu, die Sie mit diesem Handbuch sicher meistern können! Die **111 praxisnahen Ideen** für den Schulstart vermitteln Basiswissen, Handlungssicherheit und geben neue Impulse für das ganze erste Schuljahr: Wie strukturiere ich den Tagesablauf in der Schuleingangsphase? Wie kann ich die Kinder am 1. Schultag bei der Einschulung willkommen heißen? Wie können die Erstklässler eine Klassengemeinschaft aufbauen? Welche Regeln und Rituale sind im Anfangsunterricht wichtig? Wie organisiere ich mich und meinen Unterricht? Wie erfülle ich am besten meine Aufgaben als Klassenlehrer? Wie schaffe ich vielfältige Lernanlässe in einem individualisierten Unterricht? U. v. m. Ganz praktisch in der Handhabung: die Ideen des Ratgebers sind übersichtlich gegliedert nach Lernziel, Material und Ablauf und werden durch zahlreiche Kopiervorlagen als Download ergänzt – das bedeutet wenig Zeit für die Unterrichtsvorbereitung und viel Zeit für die Kinder!